少年事件、付添人奮戦記

弁護士 野仲 厚治
Nonaka Koji

新科学出版社

少年事件、付添人奮戦記

目次

カバー画・挿画　野仲千尋

まえがきに代えて

人生を分けた少年との出会い

私は、昭和五十七（一九八二）年に大阪弁護士会に登録しました。司法修習の期は三十四期です。それまで、まったく未知の土地柄であった大阪府岸和田市において、縁あって十七年先輩のT弁護士と合流しました。私もすでに三十歳を過ぎていたことや、大学卒業後三年あまり弁護士事務所に勤務していた実務の経験を買われ、いわゆる「イソ弁」つまり勤務弁護士としてではなく、一年目からパートナーとして受け入れてもらいました。

はじめは、二人だけの個人事務所であったことも手伝って、いろいろな種類の事件を経験させてもらいましたが、それこそ一年目から自分の判断で事件に取り組まねばならず、大変でした。そして、ここは有名な「ダンジリ祭の町」でした。ダンジリ祭が近づくと、少年たちの血が騒ぐのでしょう、祭の前後の頃になると少年事件が集中する傾向がありました。

弁護士になって一年目、とある少年事件の依頼がきました。今でいうと「法テラス」ですが、当時は「法律扶助事件」と呼んでいました。

十七歳のその少年は、すでに一度少年院を経験していたのです。私にとって最初の少年事件ということもあって、その少年の印象が強烈でした。その後、私が少年事件をライフワークとするきっかけとなった事件といってもよい事件でした。それ以来、私は、自分のことを、少年事件を絶やさずに続ける弁護士という意味で「生涯子どもの弁護士」を自認するようになりました。

事件そのものは、比較的軽微でしたが、初犯（一回目）の事件で少年院送致の処分を受けたことに不満をつのらせて、その後、その少年は「世の中、特に権力に対して仕返しをしてやる」と公言するようになっていました。そして彼流の一種の「確信犯的犯行」

を繰り返すようになっていたのです。

その犯行とは、深夜、ガソリンスタンドに行き、窓ガラスを割って事務所に侵入する。保管中の車のキーを探し出し、客から修理のために預かっている高級車ばかりを狙っては乗り逃げする。建造物侵入罪と窃盗罪です。それだけでも立派な犯罪です。そして、その繰り返し。

少年の目論見は、深夜の高速道路を突っ走り、パトカーとサーキットを繰り広げることでした。

警ら巡回中のパトカーが、深夜の高速道路を猛スピードで疾走する少年の運転する車を発見し、検挙しようとして追尾する。だが、いくらパトカーでもその車に追いつけない。パトカーをあざ笑いながら、パトカーとのサーキットを明け方ころまで繰り広げる。そのうちにガソリンが無くなってくる。そこで、車を適当な場所に乗り捨てた上で、何食わぬ顔をして明け方ころに自宅に帰る。「してやったり」と思うと、胸がスッとするらしい。

これが、その少年のいう「世の中に対する仕返し」でした。

ある夜、ついに彼は逮捕されました。

少年鑑別所での接見は、私もこれが初めての経験でした。「少しかたくなな感じの少年。表情が固い」というのが第一印象でしたが、それ以外には特に目立ったことはなかったのです。

問題は、私が何を質問しても彼は何も答えてくれないことでした。「黙して語らず」です。「困った子やなぁ」と嘆息するも、言葉が続かない。こちらの質問に対して「別にぃ」といった、一種なげやり的な言葉を発するわけでもなく、まるで、誰が質問しようが何も答えないという態度に徹している感じでした。

「こら、どうにもならんなぁ」

まさに、私の経験不足の成せることでした。

二回目の接見だったと思いますが、何気なく私はその少年に一つ質問をしてみました。

「最初の事件の時、弁護士さんが付いたの？」

少年は、黙って首だけ横に振りました。そうか、付添人も付かないままに、「一発で少年院か」。いささか複雑な気持ちにさせられ、少し気の毒な気がしたことを覚えています。

ひょっとしたら、この少年は、弁護士付添人の役割を知らないのかと、少し不安がよぎりました。しかし、少年のこれまでの経験に照らしてみて、警察官・検察官・裁判官、そして調査官の違いは理解できている様子だし、その区別はついているように思いました。そして、私がこうした「官職の人間」とは役割が違うことも理解しているように見えたのです。

その接見の時、私は、少年に「ある提案」をしてみました。

「今回の事件のことに限らず、君が今思っていることを、なんでもいいから書いてみてくれないだろうか」

この提案に、少年は、意外にもあっさりうなずいてくれました。その様子を見ていて、私は思いました。この少年にも、きっと胸につかえている何かがあるに違いないと。

そこで、急ぎ便箋十枚を差し入れたのです。すると、便箋数枚に胸の内を吐き出すように書いてくれました。これに少し安堵したのも束の間、その書いている内容には驚愕しました。

一番強烈な言葉は、「俺を少年院に入れたあの時の裁判官を、俺は一生許さない」という一文でした。

「俺の言いたいことは何一つ、ろくに聞こうともせず、何も言わせてもらえなかった。質問責めで、まるで流れ作業のような短い時間だった」

そしてその挙げ句、「君を、少年院に送致すると、冷たく言い放った」と。「まだ、警察での取調べの方が、少しはマシだった」とも書いてありました。

私は、この事件から、「少年にレポートを書いてもらう作戦」を学びました。できるだけ少年の本音を聞き出すのが目的です。その後、この作戦は、少年の父母の間や少年と両親との間のトライアングルで抱え込んでいる問題点を探る上でも、大いに役に立つことが次第に分かって来たのです。

さらに、こうしたレポートは「全部裁判官に読んでもらうから、それを心にとめて書いてください」と、毎回付け加えます。

少年の、あるいは少年の両親のレポートは、すぐに裁判所にＦＡＸで送ります。こうすると、裁判所（審判官と調査官）に、その少年と両親と付添人らの「(裁判所の）外での動き」がリアルタイムで具体的に分かってもらえ、審判のための資料提供として、結構役立っていると思います。たとえば、裁判官や調査官との面談においても、そうした資料を事前に読んでもらっているので議論が深まり、有意義な場合が多いわけです。

弁護士付添人の役割

ところで、私は、この少年の手紙から、これからも私が取り組むであろう少年事件における自分の役割を教えられたような気がしました。それは、たとえどんな事件であっても、たとえどんな少年であっても、罪を犯したことに対する自覚、つまり罪の意識をしっかりとその少年に持ってもらうことは当然だとしても、同時に、そうした犯罪・非行に走った少年が更生するには、少年自身の言い分にじっくり耳を傾けなければならないということの重要さです。

審判が、少年やその家族にとって常に納得のいく結果とは限りませんが、少なくとも弁護士付添人の役割は少年の本音を聞き出すことにあり、そのためには少年の言い分をじっくり聞いてあげること、それこそ少年の更生にとって絶対に必要不可欠な取り組みであると思うようになりました。

私ども少年事件に取り組む付添人弁護士は、警察官でも検察官でも審判官でも調査官でもありません。「少年に付き添う」ということの意味は、少年自身が更生するための努力をする、そうした少年の手助けをすることです。

そして、それを可能にするには、少年との信頼関係を築くことが最も大事なことです。少年は、時に家族や学校や社会からつまはじきにされるなどして、心が傷つき、そして心にひがみや悩みを抱えているからこそ、非行に走るのです。そうした少年が、突然自分の目の前に現れた弁護士に対して、簡単に打ち解けて、すぐに本心を語り、そして容易に信頼を寄せてくれるということはまずありません。

少年との粘り強い話し込みなどの地道な活動を通じて、次第に少年は付添人に心を開いてくれるようになります。「この人の言うことを信じて付いて行けば、僕を助けてくれるにちがいない」と少年が思ってくれるようになるかどうかが、カギになるでしょう。付添人のこうした地道な活動が、ひいては少年審判制度に対する社会の信頼にもつながることだろうと思って活動を続けています。

私は、大阪弁護士会の「子どもの権利委員会」に属しながら、終始少年事件にかかわってきました。納得して少年院に入った少年もいれば、最後まで納得できないまま少年院送致になった少年も正直いって少なくありません。

私ども付添人が、この少年は「施設処遇」ではなく「社会内処遇」がふさわしいと思って、「せめて試験観察にしてほしい」と力説し、最後は「この少年を付添人（私）に預けてほしい」と力んでみても、裁判所はまた別の観点からの考え方を貫くことがあります。そうした場合は、自分の力量不足を自覚して、次の事件にこの苦い経験を生かすしかないと思うようにしています。

ちょっと長い私の生い立ち——私が少年事件に取り組むわけ

私は、昭和二十二（一九四七）年十一月、大分県大野郡（現在豊後大野市）朝地町北平《きたびら》という寒村で生まれました。

明治四十五（一九一二）年生まれの父は、四人姉兄の農家の末っ子で、跡取りでもなかった上に、生来の白内障を患い盲目に近かったことから、鍼灸師の資格を取って生業としていました。天下一品といって良いほどの腕前だと自分で自慢していました。

「父親っ子」で末っ子であったことも関係するのか、私が父親に叱られた記憶は一度しかありません。それは、小学校五年生ころのこと、二歳年上の姉と取っ組み合いのバトルを演じていた時、「お前ら、いい加減にせぇ」といって木刀で頭を思いっきり殴られました。喧嘩両成敗でした。二人とも頭に大きなタンコブができたことを覚えています。それ以来、取っ組み合いの喧嘩はしないようにしました。

大正十二（一九二三）年生まれの母は健常者でしたが、両親はおろか、一人の肉親も知らずに他家で育てられたそうです。そして養母に虐待を受けていたらしく、十七歳の頃に家を飛び出し、十一歳年上の父と所帯を持ったのです。母は昭和三十七（一九六二）年、三十八歳の若さで他界しました。

そのずっと後年のこと、風の便りで父が聞いていたとかいう熊本県にある杖立温泉界隈を、私自身の足で探してはみたものの、母の肉親につながる手掛かりは何もつかめませんでした。母を産んですぐに夫と離別した母親（祖母）は、足手まといとなる乳飲み子の母を他家の軒下に捨てて逃げたとかで、母は捨て子だといった噂も耳にしたことがあります。

両親が所帯を持ったのは、大分県竹田《たけた》市で、小さな城下町です。滝廉太郎が幼少時から思春期を過ごした町で、廉太郎はここで「荒城の月」を作曲しました。

昭和十八(一九四三)年四月長男が生まれ、昭和二十(一九四五)年長女が生まれました。長女が生まれて間もなく、父にも赤紙、すなわち召集令状が来て応召しました。盲人に近い父にも赤紙が来るような時代を思うと、背筋が寒くなります。昭和二十年八月終戦、鹿児島の部隊に配属され雑役兵として徴用されていた父は、一目散に家族の元に飛んで帰ったと聞きました。

食料難の時代、米も野菜も手に入らない町で暮らすより、田舎の方がまだマシだろうと考えた父は、父の一番上の姉の嫁ぎ先である朝地町北平に妻子と四人で引越し、農具を入れる小さな藁葺き小屋の一間を借りて、夜露をしのいだようです。周囲は農家ばかりで、家々も数軒から十数軒が点在する寒村でした。私は、この小屋で生まれたらしいのですが、幼すぎて記憶はありません。

この小屋で一家五人が暮らすには余りにも狭過ぎました。幸い、近くに空き家があったので、二間あるその家を借りることにし、リヤカーに僅かばかりの家財を乗せて運んだ引越しの時のことは、かすかに覚えています。

引越し先にはわずかばかりの畑があったので、野菜や果物類を作る自給自足生活ができるようになりました。ただ、お米だけは買わねばなりませんでした。周囲は皆農家だったので、父の針治療代とか母のマッサージ代の代わりに、精米したお米をもらいに行くのが兄と私の仕事でした。

小学校は家から一キロもない距離で、行きは坂道を転がるように走って行きました。赤胴鈴之介の連載が乗っている少年マガジンを、クラスで一冊買ってもらって回し読むのが楽しみでした。教科書は、一つ先輩のお古をもらいました。たしか五年生の時だったと思いますが、修学旅行で熊本の水前寺公園に行ったのです。家族への土産に巨大な二十世紀梨を二個買ったまでは良かったのですが、駅からの帰途、喉が渇いてどうしても辛抱できずにその中の一個を食べてしまいました。子どもにはとても食べきれないほどの大きさと、その美味しさにびっくりしました。

ある晩、健脚の兄と一緒に集金に出かけました。その帰途のこと、家まで二百〜三百メートルのところまで来て、私は意識を失って倒れました。家に運ばれて気付いた時には心配した母親が私の顔を覗き込んでいたことを覚えています。小学校五年生の頃のことでした。

以来私は、深刻な心臓病と人生を共にすることになりました。ＷＰＷ症候群といって突然の不整脈に襲われるのです。時も場所も選ばない。そのため医者から一切の運動が禁止され、体育の授業はすべて「見学」になってしまいました。

中学校は、山の分校のようなところで、一学年で二クラスできるのがやっとでした。楽しかった思い出は、毎年十月、竹田の岡城址で開催されていた「滝廉太郎記念西日本音楽コンクール」に、ゴザとにぎり飯を持って欠かさず見に行ったことでした。ピアノやその他の楽器や声楽等々の分野別に、腕を競っていました。遠くは四国や広島・岡山方面からも、腕自慢の子どもらが参加していて、子ども心に素晴らしい音楽に出会えたと思います。

私が中学二年になり、兄も姉も家を出たのを見計らったのか、今度は母が家を出ていきました。働かない父親に、ついに堪忍袋の緒が切れたのでしょう。母は父を見限るのと同時に、事実上、私を見捨てたのでした。

夏休みのことでした。ある晩、父は台所から出刃包丁を持ち出して来て、言いました。「あいつ(母のこと)を殺す」と。想像するには、行く末を案じた父は私を道連れに、自ら命を断つつもりだったのかもしれません。最後に父が私に放った言葉は、「母親のところに行くように」でした。

しかし、父は八十九歳で死ぬまで、その時のことに関して何も語りませんでした。

こうして私は、竹田に一人で住んでいた母の元に行きました。二学期からは、界隈では超マンモス校の中学に転校し、母との二人暮らしが始まりました。結果的には、母との最後の蜜月となりました。毎日部活の卓球に明け暮れていましたが、十月に入り母の容体が急変したのです。胃癌の末期で、もはや手が付けられない状態であると知らされました。年末を控え､行くあて無き二人は､父の元に戻るほかありませんでした。そして、父が二人を迎えに来ました。

私は、再び元の田舎の分校に戻りました。

正月三日から床に臥せった母の面倒を見ながら、学校に通う毎日が始まりました。食事の世話や洗濯、とりわけ寝返りをさせてほしいと言われるとそのつど母をあっちに向かせたり、こっちに向かせたりの世話をしました。そのかいあって、母は死ぬまで床ずれをしませんでした。

七月三日、ついに母は息絶えました。父からは、もう一週間も持たないと聞かされていたので覚悟はしていました。父が、母の死亡時刻をつぶやいたのを今も覚えています。

「午後一時三十五分や」と。

高校は、界隈随一のマンモス高の普通科に進学しました。マンモス中学の二学期時の実力テストの成績と、高校に入ってすぐに実施された実力テストの成績が、まったく同じ席次であったことを、いまでも不思議に思い出します。

中学時代から数学の勉強が好きだったのですが、高校の数学で、順列・組合せの問題に直面し、一気にやる気を失ってしまいました。平たく言えば正解が分からなくなったのです。それも手伝って、高校での勉強がばかばかしいと思うようになったのです。こんな勉強がいったい何の意味があるのか自問自答するようになり、同時に不登校に陥ったのです。もう学校には行かないと決めた時、偶然にロシア文学に出会い、むさぼるように小説を読みふけり、時に布団で涙しながら読み続けました。高校での受験勉強だけに明け暮れしていたら、きっと出会えなかった文学書だったと今でも思います。

学校に行かない私のことを心配した姉や近所の親しい小父さん、そして担任の先生らが、家まで訪ねてきてくださいました。そうこうするうち、「竹田にある商家で私を預かる」という話がまとまったのでした。一学年下の跡取り息子さんの勉強を見てあげること引き換えに、私の世話をしてくださるわけです。「弁当の中身」が一変しました。玉子焼きだけ入れていた弁当とは天地の差でしたが、見栄えの良い弁当を食べることが、逆に私には苦痛でした。

そのうちに、このままここでお世話になっていたのでは大学の受験勉強がはかどらないと思った私は、ご両親に暇をいただき、竹田市内に下宿していた姉の六畳一間に転がり込んだのです。裕福であろうはずもない姉のこと、私の食事を作る余裕などありませんでした。私は食パンを買ってきて、これをかじりながら勉強しました。ようやく学校の成績も元に戻ったのですが、今度は姉から「ここを出てほしい」と言われ、大阪に住んでいた兄に事情を言って、なんとか下宿代を出してもらいました。

幸い、大学に現役で合格できました。というより、私としては退路を断たれていた気持ちから、合格しないわけにはいかなかったのです。

「こうした子ども時代から思春期にかけての私の生きざまが、弁護士になってから「非行の子どもに付き添うこと」が私の使命だと思うようになった原点だと思っています。

私のこうした十代の頃の経験を、事件としてめぐり会った少年の誰にでも話すわけではありませんが、少年が過ぎ去った過去に固執して前に進めない場合などの時には、私の過去を語ることで少年が少しでも肩の荷を下ろして、少しでも前向きな気持ちになってくれれば良いがと期待し、部分的に話すこともあります。

本書はごくありふれた事件の紹介です

本書で紹介する少年事件は、新聞やテレビなどのマスコミが報道したようないわゆる重大事件とは縁遠い、むしろ、ごくありふれた事件という方が正解でしょう。私ども弁護士が扱う実際の少年事件とは、こうした「普通の、ありふれた事件」が圧倒的です。

犯罪非行少年は、生まれながらにして犯罪非行の性癖を持っていることはほとんどないでしょう。当然、少年本人の生来の資質が事件に発展することがあり得ても、本書で紹介するような「ありふれた事件」では、特に両親の子育ての過程が、相当程度に影響していることは否めません。古くから語られてきたように、子どもを放任し過ぎたり、逆に過剰に干渉したりすると、子どもの生育にゆがみをもたらしてしまいます。

インターネットの普及による情報化社会の中にあっても、核家族化が進んだ日本社会の家庭では、両親が社会的に孤立している場合が多く、子育ての悩みを受け止めてもらえるシステムが乏しいのが現実です。そのため、特に母親は自分の子育てに自信が持てず、子どもとどう接すれば良いのか分からずに悩み続け、軌道修正ができないままに時間が経ってしまう。

特に、子どもが思春期を迎え、心身共に大きく変化する時期、いわゆる第二次反抗期に入ると、それまでとてもおとなしかった子どもが、急に親に対して「くちごたえ」を始めだし、親の言うことを聞かない、いちいち文句をつける、日に日に親子の間のミゾが深まる、ついには「手が付けられない」と親が嘆くようなことになりかねません。

少しでもこうした親子間のミゾを埋める手だてとして、それぞれのケースにふさわしい対応を、私なりに学び、積み上げてきたつもりです。こうした私の三十四年間の付添人活動の到達点を本書に記して、皆様のお役に立つことができたらと願っています。

※なお、本書に登場するケースについては、プライバシーを守るという視点から、一部記述を変更したところがあります。ご承知ください。

「良い子」の事件

◆第1話◆

午前様をしないひったくり少年

「K！　また玄関の靴、揃ってないやない！」

こうして、今日もまた、帰宅した母親の声が二階に飛ぶ。

早朝の電話

とある日曜日の朝のこと、めずらしく大学時代の友人から電話がかかってきた。

「何事か」と思いきや、彼の知人の息子さんのK君が警察に逮捕され、「知り合いの弁護士さんがいたらぜひ紹介してほしい。弁護を頼みたい」と言ってきたとのことである。

しかし、その電話、どうも自宅からではないような雰囲気なので、「君さぁ、今どこに居るの？　こんな時間に」と聞いてみた。なんと「船の上だ」と言う。ということは、日曜日の早朝、趣味の釣り竿片手に携帯電話で私に電話をしてきたわけか。

「んなもん、船を下りてから言うて来いや」とも言えず、早速、明日の月曜日にでも両親に事務所までお出でいただくようにと伝言をしてもらうことにした。翌月曜日の午前中、早速K君の両親が揃って事務所に来られた。

ご両親は共働きで、K君はすでに十八歳の社会人。おとなしい性格のようである。今のお父さんは、K君が小学校五年生の頃にK君のお母さんと再婚した。K君は高校卒業後、その再婚したお父さんが勧めてくれた会社に雇ってもらい、正規の採用までしばらく様子を見ようということになったようで、まずはアルバイトから始めた。臨時雇いというわけでもなく、実際上の試用期間になった。そして、K君はちゃんと真面目に仕事をしていた。

ところで、犯罪や非行行為で警察沙汰になった少年少女の親御さんに初めてお会いする時、その親子関係と同時に両親の関係はどのようなものだろうかと想像することにしている。少年・少女の両親の有りようと親子の関係性が絡むことが多いからである。

さて、K君の家庭はどうか。冒頭の言葉は、アルバイト先からK君が帰宅して、夕食までの束の間二階の自分の部屋でくつろいでいる時、間もなく帰宅して来た母親に言われたひと言である。玄関を開けるなり目に飛び込んで来た光景に、母親はとっさに叱責してしまう。

「家に帰ってきたら、まず真っ先に玄関で、靴を揃えなさい」

「自分が今度履きやすいように、反対に向けて揃えておくように」

といった「しつけ」は、普通どこの家庭でも行うことである。

しかし、こうした家庭内での「しつけ」は、通常であれば、だいたい小学生までか、せいぜい中学生までであろう。

K君の場合、もう会社勤めをしている十八歳である。その年齢の息子に向かって、帰宅するなり、「靴を揃えなさい」と大声を張り上げて叱責する母親は少ないのではないだろうか。ついつい「何をいまさら」と不思議に思ってしまう。

ただ、そのような家庭内の出来事は、初対面では語ってはもらえない。だいいち「そんなこと」は話題にもならないのは、そもそも相談者が小言をいう側の立場の人間だから、自分では気付いていないことが多いからである。

そうした小さな情報は、少年と接見を重ねていくうちに、何かの拍子に少年本人の口から「こぼれ出る」ことがある。少年のこぼした、こうした「小さな出来事」の中に事件の糸口とかその背景や原因などが語られることがある。その意味で、少年の語る言葉を聞きもらさないことが大事である。

K君の家庭には、まず、ご夫婦の関係性に特徴が見てとれた。一言でいえば、奥さんが家庭内を取り仕切り、ご主人は奥さんのすることに何も文句を言わないのである。しかし、やはりそれにはそれなりの背景と事情があった。

事件はひったくり

さて、K君が犯した事件は、大阪が全国で「ワースト・ワン」(二〇一五年・警察庁統計)だといわれてきた「ひったくり」事件であった。

夕食を済ませて二階の自室に行く。午後九時か九時半頃になると一階に下りてきて、居間でくつろいでいる両親に向かって「ちょっと、友達のところに行ってくるから」、そう言っては、土日以外は、毎夜のごとく出掛けるのである。母親は、すかさずK君に注意する。「明日も仕事なんだから、早く帰ってきなさいよ！」

こうしてK君は、友達と待ち合わせ場所で落ち合った後、友達のバイクの後ろに跨がり、ひったくりのできそうなターゲットを物色して、路地裏をバイクで徘徊し始めるのである。路地裏は、逃げやすく、パトカーも入ってこられない場所が多く、捕まりにくいからである。土地勘のあるK君が、運転する友達の背後から「そこ右に、次を左に」と、指示するのである。

そして、目ぼしい年寄りが歩いていたり、自転車に乗った女性を見つけたりするや、ライトを消してできるだけ静かに接近し、追い越し際にショルダーバッグや自転車の前カゴのカバンなどをひったくり、一目散に逃走する。「あっ！」という間もないできごとなので、被害者はびっくりしてしまって、「助けて～」や「ドロボー～」といった声すら出す間もない状況である。

二人にすれば「してやったり」である。しかし、こんな犯罪行為が、いつまでも続けられるはずもない。K君の自宅からそう遠くないエリアで、こうした手口のひったくり事件が集中して発生していた。最寄りの交番や警察署に被害届けが出された分だけでも十数件になっていた。警察もパトロールを強化し、犯人逮捕に力をさくことになる。被害者や市民などの目撃情報から、犯人はバイクに乗った未成年の二人組のようで、しかも土地勘があるようだ。

そして、ついに二人は現場から逃走を図る最中、追尾したパトカーや警察官のバイクに追い詰められて検挙された。両親が、「息子のKがしたこととは、とても信じられない」と驚愕したことは言うまでもない。

うちの子に限って

「どうして、うちの子に限ってこんなことを……、先生、うちの子は少年院行きになるのでしょうか」

逮捕直後で、前歴も学校時代の生活の様子すらも情報がなく、ましてやいったい何件くらいのひったくりを行い、何件くらいの被害届が警察署に提出されているのかすら皆目分からない段階なので、最終審判の結果など現時点ではまったく予想も立てられないことを伝える。

「少年院送致にならないように、一緒に頑張りましょう」としか言えないもどかしさは、弁護士なら誰もが経験することである。

早速、翌火曜日、他の仕事との時間調整を行って、少年鑑別所に接見に行った。「少し口数の少ない、控え目でおとなしい感じの少年」というのがK君に関する第一印象であった。昨日、両親から得ていたK君に関する情報から推測したものとはさほど外れていなかった。

接見を重ねるうちに、K君の口から意外な言葉が出てきた。

「翌日には仕事があり会社に遅刻できないから、毎晩できるだけ日が変わらないうちに帰るようにしていました」

要するに、明日の仕事にさしさわりが出ないような時間帯の枠の中で「ひったくり」をして来たという意味であった。すでに会社勤めをしているので小遣いには困らない。だからお金欲しさの犯行でもない。スリルを味わうのが目的だったのか、犯行の動機をどう理解したらいいのか。本人自身の心のつじつまはどのように整合していたのだろうか。

次第に読めてきたことがある。

それは、K君がまだ小学生の頃にまでさかのぼる事情が関係していた。平たくいえば、両親の再婚には夫の方に何か負い目があるらしく、K君の母親に対して、横からなにも言えない関係であることが分かった。それは、すでに初対面の時に感じ取っていた。

実に三時間におよぶ聞き取りの時「お父さんは、これからどのように息子さんに接して行かれますか？」との私の問い掛けに対し、父親の言葉は、「これからは息子を、釣りにでも連れて行くようにします」だった。

私が期待した言葉とは少しかけはなれていたが、そのお父さんの言葉でむしろ私の役割が決まったと感じた。お父さんに対して、もっとしっかりK君にかかわってほしい。そのことを理解してもらうことである。

K君を釣りに連れ出すことは気分転換にもなり、確かに良いことではある。共通の趣味としての釣りを通じて、息子さんの悩みなどを直に聞き出し、話し合う機会になる。もう少しで成人するK君だ。たまには酒でも飲みながら人生の先輩としていろいろな助言もできるだろうし、K君自身もお父さんと話し合ったり、助言をもらうことを期待するようになれば、問題の大半はクリアーすることになるに違いないと想像できた。

こうした父子関係の改善がされれば、母親のウェートが相対的に減少することは間違いないと思われる。もしそうなれば、母親自身が目先の小さなことでK君に対して浴びせる小言もずいぶん減るに違いないだろうし、ぜひそうなってほしいと思った。

こうして徐々にではあったが、初対面の時とはだいぶ様子が変わってきて、お父さんの発言が次第に増して、心強く思えるようになっていった。


幸いにも、ひったくりにより怪我をされたという被害者は一人もいなかったので「母子関係」と「夫婦関係」の改善の方向性が確実に見えてきたことから、K君は保護観察処分になった。

当然のことであるが、これまでに分かっている被害者に対しては被害弁償を行った。被害弁償は、親が息子に代わって済ませてしまったのでは「臭いものに蓋」をすることになりかねない。仮に被害弁償は親が代わりに行うとしても、本来は息子が行うべきものであることを本人にもしっかりと自覚してほしい。弁償金を親に立て替えてもらうことにしたが、K君には借用証を書いてもらい、毎月の給料から一定の金額を親に返すことを約束したのである。

少年が人間として学んだこと

もう一点、むしろこの点が大事なことであるが、K君らがひったくりをした被害者は、その全員が女性であった。つまり、彼らが目を付けた被害者は誰もが反撃のできない弱い立場の人たちであったことが、いかに人間として卑劣な行いであったかをK君に話した。自分のやった行為についての法的、社会的意味を自覚してもらうことは、犯罪非行を繰り返して来た少年たちに対する避けて通れない本当の意味での人間教育であると思う。

母親の過剰すぎる小言をやり過ごすため、ひったくりというスタイルの犯罪を繰り返すことで、自分なりの息抜きと憂さ晴らしをし、精神のバランスを保ってきたのかもしれないK君も、ようやく親子関係の改善にたどり着いた。これを境にして伸び伸びとした日常生活を過ごせるようになっていったと、その後聞いた。

Ｋ君の家庭は、子どもに接する両親の側に極端なかたよりを持ちながら、十八歳にもなる会社勤めの我が子に対して、あたかも子ども扱いのしつけが続いてしまっていた。それがどんなに子どもの心を傷つけてきたかというその点に気付くことを通じ、改めて父親の役割の比重が増し、母子・父子関係が改善に向かったケースである。

短い期間でしか交流することができない付添人であるため、そのような役割を果たせるのは決して容易ではないが、自分なりに見すえた目標を達成できた時や、目標達成の見通しが立った時の達成感は、格別である。

◆第2話◆

ご近所強盗は中三生

けったいな事件

中学三年生の少年は、部活で相撲部に所属している。身長は、もうすでに百七十五センチ、体重も七十五キロを越えている。中学生にしてすでに巨漢である。ところが、見かけよりはるかに幼い感じがした。その上、チックの症状もあった。

ある時、お父さんに叱られて、ゲーム機を取り上げられてしまった。そのゲーム機を買うお金欲しさに、近所の民家に「強盗」に入ったのである。

土曜日の昼下がり、初めは盗みのつもりだった。偶然に空いていた勝手口から侵入し、一階で金の在り処を物色していたところ、そのお宅の大学生の女の子が二階でくつろいでいた。一階で妙な物音がすることに気付き、そっと階段を下りてみた。すると、どこかで見かけた感じの人物がゴソゴソと家捜しをしていたのである。よく見れば、特徴のある男の子で、以前から見知っていた。

「あんた、そこで、なにしてるんや」と一括した。気丈なお嬢さんであった。

ところが、相手が女の子だったので甘く見たのか、退散することなく「金を出せ」と居直ったのである。特に刃物のようなものは持参してはいなかったが、脅迫行為に及んだことから、盗みのつもりが「居直り強盗」とされてしまった。

追い打ちをかけるように発した娘さんの次の言葉が傑作だった。

「あんた、近所の子やないか、親に言うで」

この言葉が致命傷となり、少年は身元がバレたと思い、「すいません」と一言いって、一目散に逃げ出した。

しかしその日の夕方、あえなく逮捕となる。こともあろうに、近所に盗みに入ること自体が普通ではない。少し判断力が乏しいのかもしれないなぁと想像した。

三歩遅れてついてくる母親

逮捕直後に両親が揃って事務所に来られた。

応接テーブルでは、当然私とは対面して座り、両親は隣合わせに座る。一時間を越える面談中、少しおかしなことに気付いた。それは、お父さんばかりが一人で喋り続け、お母さんは小さくなって始終伏目がちに下を向いたまま、ほとんど言葉を発しないのである。

「お母さんは、何かお話することはないのですか？　いつも、こうなんですか？」と聞きたいのだが、いきなり聞いては失礼になってもと遠慮した。そのお母さん、ようやく別れ際に「よろしくお願いします」と一言だけ言い残して帰られた。

私にとって、初めて行く大阪以外の少年鑑別所であった。最寄り駅で、お母さんと待ち合わせた。鑑別所は、そこから徒歩十分程度のところにある。

私が決して急ぎ足で歩くわけでもないのに、不思議な状況になった。お母さんはなぜか、私より常に三歩遅れてついて来るのである。「何か、変だなぁ、これでは話もできない」と思い、立ち止まって聞いてみた。

「ところで、お母さんは、どうして私と一緒に並んで歩かないのですか」

これに対して、あいまいな返事でよく聞き取れない。事務所での面談の時といい、少し問題が透けて見えて来たような感じがしてきた。

課題は、お父さんなのかもしれない。お父さんは、日本を代表する大企業の部長職にあった。典型的な企業戦士で、猛烈な働き方をしている人であった。そのお父さんに対して家族全員がいわば絶対服従の関係にあった。口答え一つできないような雰囲気ができあがっていた。そのため、お母さんはいつも小さくなっていたのである。

だからであろう、男性の私を同列と見て、肩を並べて一緒に歩くことも遠慮していたのであった。

他方、少年も似たりよったりだった。たとえば楽しい会話がはずむはずの夕飯時に、少年が食べながら何か一言いおうものなら、すかさずお父さんから「黙って早よ食え！」と叱責される。食べ盛りの少年だ。勢い、ご飯やおかずを流し込むようにして夕食を済ませる毎日であった。

こうした、いわば絶対君主のような厳しいお父さんの下にいては、少年は到底伸び伸びとした時間が過ごせない。お父さんが少年や家族に対して厳しく接する態度が、少年のチック症候群の原因の一つかも知れない、そして、今回の事件に至ったのではないだろうかと想像した。

ついに難問が提示された

幸いにも、誰も傷つけてもいないことから、強盗未遂とはいえ保護観察になりそうなことは予想できた。しかも初犯である。審判には、両親が揃って出頭された。

ところが、自宅では大きな問題が起こっていた。それは被害者側から、「加害者の顔も見たくないので、どこかへ家族全員で引っ越してくれ」と要求されているというのである。

確かに、被害者側としては無理からぬことかも知れない。「向こう三軒両隣」の極めて直近に加害者が住んでいたのでは気が気ではなかろう。通勤や通学などで、毎日顔を会わせるようなご近所である。普通に過ごすのは難しい。裁判所も、これには困ったものの打つ手がない様子である。

両親と詰めた相談をした。たとえば、学校に行くルートを変更し、自宅とは反対方向から通学する。そうすれば、被害者宅の前を通らなくて済む。そのためには、お母さんと少年の二人だけで、どこかで借家住まいをする。お父さんは、朝早く家を出て、帰宅するのは夜遅いので、被害者側と顔を会わせる機会は少ないか、滅多にないはずである。しかし、いろいろと話し会ってはみたものの、これでは、たとえば同級生からは、「何で、お前、家から通わないんや、おかしいやないか」というような、不信感を受けかねない。そうした世間の白い目に、少年と母親は耐えられないのではないか。

こうした経緯の中で、苦肉の策にたどり着いた。別の街の中学校に転校することにしたのである。お母さんの実のお姉さんが住んでいる家に部屋が空いているので、そこでお母さんと少年の二人がお世話になることになった。お母さんが、最後の切り札としていたお姉さんに事情を話して頼み込んだのだ。

お姉さんの了解をもらうには、先にお姉さんのご主人の了解が必要である。そこで、私からも一言添えて事情説明をしたところ、むしろ快く了解してもらえた。一安心であった。

少年は保護観察となり、別の中学校へ転校した。

ただ、お姉さんが心配顔をしておられたことは、「私ら夫婦には子どもがいないので、そもそも子どもにどう接したらいいのか正直言って分かりません」という点だった。

さらに心配なのは、少年もさることながら、母親である妹の性格をよく知っているお姉さんのこと、「はたしてこの親子、私の家での生活が長続きするだろうか」というのである。

お姉さんの心配は間もなく的中した。二か月もしないうちに、お姉さんから私に電話がかかって来た。

「先生、やはり心配していたように、二人はいなくなりました。どこに行くとも言わずに、急に家を出てしまったんです」

少年の両親から私にも連絡はない。私としては一応保護観察で事件は終了していることでもあり、ましてや居場所も分からない状態なので打つ手もなくなった。実の姉妹とはいえ、お姉さんご夫婦には、大層ご迷惑な話であった。それ以来、糸の切れた凧の状態で、後味の悪い結末になってしまった。

新たなお付き合い——社会資源の発掘

ところが、不思議なことに、これがご縁となり、お姉さんご夫婦とはその後何年間かまったく別の少年三人の「試験観察」に関わっていただくことになったのである。実に、奇遇なお付き合いが続く。ご夫婦は、毎回、私の無理な頼みを受け入れてくださった。

「私らで、ほんとうにお役に立つでしょうか」

と、遠慮がちに言いながらも、毎回快諾してくださったことはこの上なく嬉しい思い出になった。社会資源の発掘ということであろう。私も滅多にない経験である。

試験観察中に、引き受けてくださった少年の日常行動について、毎回お姉さんにお願いして日誌をつけてもらった。三人とも少年院送致にならず、最後は保護観察になった。中には、両親の顔も知らない少年もいたが、お姉さん宅で温かい三食を食べることができたことが、少年の更生の力になったと今でも私は信じている。

お姉さんの、次の言葉が今も耳から離れない。

「先生、今度の子ですが、ご飯を食べる時に、いただきますと言わない。ちょっと外出する時にも、行ってきますも言わない。外から戻ってきても、ただいまも言わない。ずっとこんなにして生活してきたんですね」

それでも、その少年たちは、お姉さん夫婦の無言の愛に支えられて更生した。

今ではお姉さんご夫婦とは、年賀状のやりとりをするだけの関係ではあるが、年賀状を受け取るたびに、お世話になった少年たちのことを思い出す。

◆第3話◆

強制わいせつの中学生は「良い子」だった

エスカレートする事件

高校受験直前の少年（男子）は、自宅近くにある学習塾に通っている。歩いても知れている距離なのに、なぜか自転車で行き、帰り道はわざわざ遠回りまでして自宅に帰るのである。

それには理由《わけ》があった。彼は、線路際は工事中で高いフェンスがあり、街灯が少なくその辺り一帯が暗がりになっていることを幸いに、仕事を終えて駅から徒歩で帰宅する若い女性を狙い、女性の背後からそっと近づく。

そして道を聞くふりをして「スミマセン」と女性に声をかけるのである。

後ろから急に声をかけられて意表を突かれた女性が一瞬立ち止まる。その一瞬の隙を突いて、女性の胸にタッチする。そして一目散に逃げる。こうした事件を十数件繰り返していた。

この程度のことで被害届を出す女性は少なかったのだが、それでも時間が経つうちに、被害届けが何枚もたまってきていた。皆一様に、「加害者は中学生風の男子だった」と申告する。

ところが、彼の行動は次第にエスカレートしてきた。今度は、なんと大胆にも自分が通っている塾の入っているビルのピアノ教室に通っている女性に目をつけて、この女性に二度にわたり体を触るというわいせつ行為に及んだのである。

一度目は、ビルの自転車置き場で。この時は、女性の胸にタッチしただけだったが、気が弱そうに見えたので、これに味をしめ、一週間後の二度目にはエレベーターの中まで後を追い、その女性の体を触りまくるという大胆不敵な行動に出た。そんな場所での犯行になれば、すぐに「足がつく」ことぐらい分かりそうなものだ。こうしたところを見ると「まだ子どもだなぁ」と想像する。

その女性はエレベーターから飛び出して、交際している彼氏にすぐに電話して助けを求めた。

「このビルの学習塾に来ている子」と特定されたため、すっ飛んで来た彼氏が塾に怒鳴り込み、塾生に向かって、「どいつや。名前を言え。前に出て来い」と一括した。

その剣幕に驚いた少年は、部屋から飛び出すが早いか、自転車に飛び乗り一目散に帰宅したのだが、翌日には逮捕された。


新人の女性弁護士にも手伝ってもらうことにして、彼女と日程調整をして、少年鑑別所で初回の接見をした。その時のこと、少年がいきなりこう言った。

「家に帰っても、気の休まる日がない」と、めそめそ顔である。

「おかしなことを言う子だなぁ」と、二人で顔を見合わせた。

まるで、恐妻家のお父さんが言いそうな愚痴である。少年が発した「この最初の一言」に大事なヒントが隠されていたことは後に知ることになるのだが、その時はどこにでもある普通の家庭での「母親の小言」ぐらいに軽く聞き流していた。

冷たい態度の調査官、その理由

実は、この少年についている男性調査官は、私ら付添人が面談を申し入れたことに対してとても冷たい態度であった。どこか生半可な返事が帰ってくる感じである。なんとか会ってはもらえたが、「なんでしょうか。どんな用件ですか」といったものの言い方である。

「えらく冷たい態度やなぁ」と多少憮然とする気持ちを押さえつつ、いろいろと話を持ちかけるが、まるで我々の話に乗ってこない。しかも、椅子には斜めに座って足まで組んでいる。こうした態度は、結局最後まで崩さなかった。「とりつく島がない」とはこういうことである。

ところが、それには理由があった。少年には、すでに先行する多数の「胸タッチ事件」の送致事実（被害申告）があったのである。それらはせいぜい軽犯罪法違反とか迷惑防止条例違反程度である。しかも犯人はまだ中学生だったことなどから、あえて少年を逮捕し拘留した上に少年鑑別所送致まですることは不要と判断したのであろう。調査官は、少年を在宅のまま事件や家庭環境などを調査するため、両親と少年の三人を家庭裁判所に呼び出している最中だったのである。

この時、私たちは、担当することになった強制わいせつ事件に目が行ってしまい、先行する事件が調査中となっていることを、迂闊にも把握していなかったのである。しかも、本件はなんと調査官が本人と両親と面会した当日の夕方に起こした事件だったのである。

「そら、怒るよなぁ、無理もないわ」と、顔を見合わせ、長嘆息した。

調査官はこう断言する。「少年院送致以外ないでしょう」。

少年には反省文を書いてもらった。最初は事件のことについて前後のいきさつを、二回目は、どうしてそのような犯罪行為を続けたのか、やめられなかったのか、その理由を書いてもらう。三回目では「これからの自分はどうするのか、誰に何を約束し、どのようなことに頑張るのか」、頭を整理してもらうのが目的である。

同様に、両親にも今後の指導監督の方針などのレポートを書いてもらう。「どんなことを書けばいいんですか」と戸惑われる親御さんには、「今回の事件についてはどこまでつかんでいますか。どこに原因があるか、親御さんは思い当たる点はありますか。これから息子さんをどのように助言指導監督していきますか」といった多少のヒントを差し上げるようにしている。

ここで一つの傾向が出る場合がある。今回は、母親だけが書いて、父親は書かずに連名にしたものを持参された。そこから、家庭内で母親の力の方が大きいのではないかと想像された。

本当に少年の本音をつかめているか

審判も間近に迫る中、どこかしらモヤモヤした気分のまま時間が経って行った。そうした中で、私たちはどちらともなく、母親のレポートで描き出されている親子の関係性は、どこか綺麗ごとで片づけられてはいないだろうか、「我々は、はたして、少年の本当の気持ちに寄り添えているだろうか」、問題の核心とも言うべきテーマについて、私たちは少年の本音を聞き出して、その本心をつかみきれているだろうか、との疑問がわいてきた。何かが足りない気持ちであった。

なぜこの少年はこうした姑息で卑劣なわいせつ行為を繰り返してきたのだろうか。しかも、高校受験を間近に控えた大事な時期だというのに。この問題の核心に、私たちは迫れていなかった。

そこで、少年の自宅訪問を行った。少年が過ごしている日々の家庭環境を、じかに見て確かめたかった。少年自身の部屋は、どの程度汚れているか、逆にどの程度綺麗に片づけられているか、部屋の壁にはどんな写真が貼ってあるか、思春期に差しかかった中学三年生で、事件そのものがわいせつ事件だけに、いろいろ予想してみる。

応接間に通された私たちは、「お母さん、彼の部屋を見せて下さい」と、二階の少年の部屋に入ってみた。

予想は的中した。部屋はものの見事に片付いているのである。ゴミ一つ落ちていないばかりか、女の子のポスター一枚壁に貼られていない。母親は少年が学校に行っている間に、隅々まで部屋の掃除していることがわかった。もちろん、私たちが訪問することは事前にお知らせし、了解を得ていたことではあるが。

エロ雑誌や写真が机の奥に隠されていないかなど、少年の留守中に母親がチェックするのではないだろうか。「過干渉」のキーワードが浮かんだ。

少年の部屋を見せてもらった後、応接間で切り出した。

「お母さん、今後は、彼の部屋に入らないこと。彼の部屋の掃除など一切せずに本人に任せること。それができますか。そうしないと、この子は自立に向かわないですよ」と、少々手厳しい言葉を投げかけた。

ある程度、自覚していたのであろう。母親は、指摘されて、やはり息子に干渉し過ぎてきたと自分でも認めた。この自宅訪問で、問題が見えてきた。過干渉の母親と、おとなしいタイプの父親。しかし、その親子関係の本当の姿はどうなのか、もう少し踏み込んで把握する必要を感じた。


少年との最後の接見で、「最初のおかしな一言」の意味について聞いてみた。するとようやく、少年から親子関係の具体的な姿を聞くことができた。その内容には驚くばかりであった。

母親は、少年が確かに塾に行ったかどうかを確認するため、少年の後をつけてくるのだという。電柱の影に、隠れ隠れしながら尾行するという。それはほとんど毎日のことなので、後ろの気配で分かるのだそうだ。尾行するのはたいていは母親であるが、母親が夕飯の支度などで手が離せないときは、代わりに父親が尾行するという。

「お父さん、早く見て来て」。そう言われると、父親は黙ってその指示に従うらしい。父親は、散歩のふりをしてついてくるというが、母親に言われてやっていることまで少年はとうに知っていた。

この子だけ出来が悪い

少年は兄弟三人の末っ子。上二人の姉兄が成績優秀なのに比べ、「この子だけ出来が悪い。どうしてなんだろう」と嘆く母親である。心配でたまらない母親は、夕方の学習塾だけでなく、どうかすると登校時も尾行する。

少年が確かに学校に行ったかどうかが心配らしい。学校に来ている母親を目ざとく見付けた同級生からは、からかわれる。

「お前とこのオカン、今日も学校に来てるで」

母親の異常ともいえる尾行行動に対して、「なんぼなんでも、そんなことしたらいかん」とたしなめることもしない父親である。

私たちは、「ひょっとしたら、調査官もこの実情は把握していないかもしれない」と顔を見合わせた。

「もしそうだとしたら、調査官は単純に事件（被害届）の多さと、最後の事件の重大さばかりに目を奪われて、事件の原因や背景となっている少年と両親の関係性について、十分踏み込んだ理解ができていないかもしれない」

「初めに少年院ありきの結論があり、少年の本心を十分には汲み取っていない可能性がある。その辺りを浮き彫りにすることにより、結論が変わる可能性がある」と。

事件の真相と核心は、少年を取り巻く家庭環境のがんじがらめの状態から、なんとかして親の監視の目をかいくぐろうとして、あがいた末の一連の事件ではなかったかという点が浮き彫りになってきた気がした。この点が改善できれば、少年は少年院に入らなくても、こうした事件を起こさなくなるだろう。

少年の観護措置中（つまり少年鑑別所にいる間）に、高校受験の日が来てしまった。そこで、裁判所に二日間の仮解除を上申したら、意外にもすんなり認めてもらえた。スポーツ少年で、高校に進学したいというはっきりした希望を持っていたことも幸いしたかもしれないが、高校受験を認めた裁判所の動きの中から、私たちは、裁判官はひょっとすると、調査官とは異なる意見を持っているのではないかとも感じていた。

助っ人の付添人が詳細な意見書を書いてくれた。結論は、私たちの期待通りの保護観察であった。

少年は無事に高校に進学できた。しかし、進学を機に母親は携帯電話を取り上げたという。少年がそれを本気で納得したとも思えないが、本人は納得の上のことだと言う。母親の理由は、「有害サイトを閲覧していたということが事件記録の中にあったから」という。

「しかしお母さん、私は賛成できませんね」と問いかけ、「子どもは、決して純粋培養するのではなく、いろいろな物を見聞きしながら成長するものであり、大事なことは、自分をコントロールできる社会性を身に着けさせることではないですか」と話した。

親にも気付いてもらうために

私はこの事件の中で、両親に次の二冊の本を読んでみてくださいと勧めた。
『人生の悲劇は「よい子」に始まる』（加藤諦三著、フォー・ユー社）
『子ども受容のすすめ』（関根正明著、学陽書房）
「あるがままの我が子」を受け入れられず、親の期待する水準に近づかせようとするあまり、毎日ひたすら小言を言ってしまう。その結果、子どもは何とか期待に応えようとして「良い子」を演じてしまう。この少年も、お姉さんやお兄ちゃんに一歩でも近づこうとして背伸びし、その無理がたたってストレスを溜め込み、強制猥褻という歪んだ捌け口に走ったのであろう。「良い子」が過ぎると、他害・自傷の迷路に陥りかねない。

また、私は、このケースの途中で両親に対して「口癖テスト」というものをを試みた。これは、『子どもを追いつめるお母さんの口癖』（金盛浦子著、青樹社）という本の、目次だけをコピーして渡し、子どもが生れてから今日までの間に言った小言を思い出してチェックしてもらうものだ。お父さんにもやってもらった。
百点満点に換算した母親の得点は、なんと予想を遥かに上回り、七十四点の高得点だった。つまり、小言がそれだけ多いということ。これにはさすがに母親も自分で驚いていた。

ちなみに、お父さんの得点も決して低くはなかった。
「そうですか、私はこの子に、これだけ言ってはいけない言葉を言っていたんですか」、そうつぶやいていた。

しかし、いつもうまくいくわけではない。ある別の中学生の集団万引事件では私の助言や提案などに、母親はずっと拒否的な態度を崩さなかった。「こんなはずじゃなかった。こんな子どもを産んだつもりはない」と納得できない気持ちを内心では持ち続けているのであろう。自然と子どもに対しても拒否的な態度が出てしまう。敏感な子どもは、そうした両親の冷たい態度を見逃さない。

こうした場合は、私たちと親御さんとの間の信頼関係もなかなか築けないことが多い。そんなケースにぶつかる時は、自分の非力さを痛感させられる。少年自身が、人として成長していく中で、両親とのミゾを自分で埋めながら、壁を乗り越えていくしかないと思う。

話を戻すと、「小言いい」のお母さんからはその後も随分長い間にわたり電話をもらった。息子さんも高校に進学し、さらに二年生になっても三年生になってもお母さんの悩みは絶えなかった。そのつど「お母さん、いい加減に放っておきましょうよ」。それがいつもの返答であった。

しかし、お母さんの口振りから、少年は心身共に成長して母親の小言からようやく解放され、伸び伸びと高校生活を楽しんでいることがわかった。お母さんからは、息子さんが社会人になってからも連絡をもらったこともある。

それにしても母親はいつまでも子どものことが心配なんだと、感心させられる。

女の子の事件簿

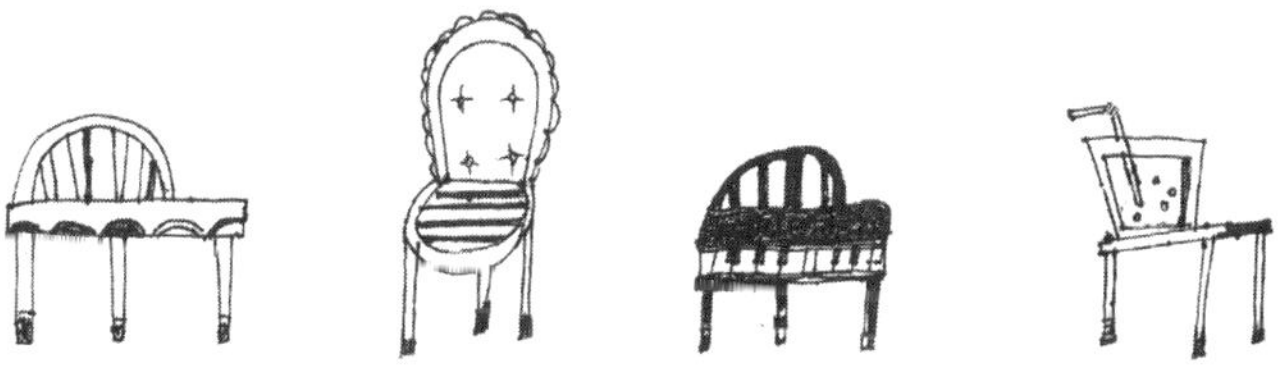

◆第4話◆

シンナー少女の大変身

A子の家庭事情

その少女のことを、私はA子と呼んできた。もちろん、本人の前ではない。おそらく、A子は私の「少年付添人活動の事件簿」の中でも、ダントツに忘れがたい事件である。

ちなみに、一口に「少年事件」といっても男の子だけとは限らず、当然女の子もいる。「少年と少女」をひとまとめにする言い方がない日本語は、たいへん不便である。

実は、その少女A子は、シンナー吸引の常習者だった。いうまでもなく「そこまでなる」

には、それなりの理由や事情があって当然で、聞けば大変深刻な家庭の事情がその背景に横たわっていた。

母子家庭で育ったA子には、実の父親の記憶がない。幼くして両親が離婚したからだ。しかも、A子には兄弟姉妹もいない一人っ子だった。四十歳過ぎのA子の母親は、自宅の近くで居酒屋を経営しながら生計を立てていた。母親は、夕方自宅を出て、ほとんど日が変わった深夜に帰宅する毎日なので、A子は、いわゆる「カギっ子」。毎日がとても寂しい子ども時代を過ごしていた。

小学生時代はずいぶんおとなしい女の子で、クラスでも一番目立たない存在だったらしい。そして一時期、不登校になっていた。

ところが、中学校に入った頃から変化が見えだした。もともと勉強があまり好きでないA子は、部活もしない「帰宅部」で、夕方家に帰っても母親とはすれ違いのためにたいてい一人で過ごさねばならず、いつも暇をもてあそんでいた。こうした監視役のいない日常生活の中で、一人で過ごすことの退屈さから次第に外で遊ぶ楽しさを覚えるようになっていた。ぼつぼつ年頃になりつつある娘の心と体の変化に対しても、母親はまるで無頓着だったようだ。
深夜のコンビニでたむろし、特に用事もないのにあちこちと徘徊する。はじめのうちは女の子中心だったが、次第に男の子とも群れるようになる。いきおい、タバコを覚え、酒を飲むことも知り、いわゆる不純異性交遊にも発展してしまう。当然警察には何度も補導されるようになる。もちろん学校もさぼる日が増えて、母親が学校からたびたび呼び出しを受けることになるが、効果はまるでない。こうしてA子は、いよいよ非行予備軍化していった。

ところで、母親の関心は店のことと男のことに占められているようで、A子についてはほとんど関心を示さずまさしく放任状態であった。実はこれにはわけがあって、自分より十歳も歳の若い男性と同居を始めたばかりだった。聞けば、A子の父親と離婚後、母親が親密な関係となった男はこれで三人目だという。こうした状態が、A子の悲劇を生む原因となっていく。

ろくに働こうとしないこの若い居候、A子の母親に寄生している状態で、昼間はパチンコや競輪競馬に明け暮れ、外出しない時には一階の居間でテレビを見ながら昼間っから一人でビールを飲んでいる。

こうした中では、A子は自然と二階の自室に閉じこもるか、息の詰まりそうな家にじっとしているより外で遊ぶ方が楽しいし、またそうするしか時間がもたなくなっていた。

多感な少女時代を迎え、A子はこの居候に対して強い拒絶反応を持つようになっていた。「どうして、こんな男がこの家にいるのか」と許せない気持ちになっていた。こんな男を家に受け入れて平気でいられる母親に対しても、A子の拒絶意識がつのっていった。

緊急事態

A子が中学二年生になった頃、この居候がおかしな行動を始めだした。それまでまるで見向きもしなかったA子に対して向けられる眼差しが、次第に違ってきたのである。A子自身も、どことなく直感的に嫌な雰囲気を感じ始めていた。

そして、ついにその運命の時がやって来た。ある晩のこと、母親が仕事で出掛けていることを幸いに、あろうことか突如としてA子に肉体関係を迫ってきたのである。

大の大人が、中学二年生にしては小柄なA子を本気になって押さえ込んでしまえば、抵抗不能であったと思われるが、A子は咄嗟の機転で逃げおうせた。恐怖に怯えて裸足のまま家を飛び出した。A子は、あの時の恐怖をずっと後まで引きずっていた。

母親に連絡を取ることもできず、かと言って行く当てもないので、とりあえずクラスで一番親しくしていたクラスメートのB子の家に転がり込み、一晩泊めてもらうことにした。実は、B子の家も母子家庭で、母親が不在のことも多く、そのうち一晩が二晩にとA子は次第にB子の家で過ごすようになった。とても家には戻れないからである。それでも母親は娘を心配するふうでもなく、どこまでも放任状態のままであった。ここまでの母親も珍しい気がした。

私は、一時避難することのできたこのクラスメートのB子には一度も会うことはできなかった。もしB子に会えていれば、A子との関係やA子の家出後の様子など、もう少しいろいろと聞くことができたかも知れないが、B子は間もなく再び少年院に逆戻りした。シンナー吸引で二人とも少年院を経験していたのであった。

悲しいことに、緊急避難したB子の家にいた二歳上の兄も「シンナー漬け」状態だった。

その影響で、B子も中学二年生ですでにシンナー漬けになっていた。

こうした環境の中、A子がシンナーを覚え、シンナーに染まるのに時間を要しなかった。こうした経緯をたどって、A子はシンナーに出会い、そして間もなく逮捕され、家庭裁判所に送致され、女子少年院送致となったのである。B子もまったく同じ時期、入院する。

先輩Y君との運命的出会い

初犯で院内の成績が良かったらしく、A子は予想より早く少年院を退院してきた。A子は、すでに例の居候と別れていた母親の元に身を寄せるが、母親は相変わらず娘にはほとんど関心を示さなかった。

退院後、しばらくした頃のこと、偶然にもY君との運命的な出会いが待っていた。Y君は同じ中学校の二年先輩で、A子が一年生の時にY君はすでに三年生だった。当時、二人が部活で知り合うというようなこともなかったので、互いに顔だけは知っていたようだが、口をきいたこともなかった。

ところが、偶然な出会いから、二人は互いに一目惚れしてしまった。身軽なA子のこと、息が詰まりそうな雰囲気の自宅を飛び出し、Y君が住んでいるアパートの部屋に転がり込んで、すぐに同棲生活を始めた。

当時まだ十八歳ながらも、真面目に仕事に出ているY君としては、惚れ込んだA子の昼間の生活が心配でならなかった。間もなく少年院を出てくる予定のB子からの誘いが必ずあるに違いないと思っていたので、「絶対にB子の電話に出てはならない。外出もするな」と、朝出掛ける時には口すっぱくA子に申し渡していたY君であった。

しかしY君の予想が的中する。案の定、少年院から退院してきたB子からの誘いがはじまった。B子が言うには、「ぜったいシンナーなんか持っていないから、ちょっとだけでいいから、下の公園に出てきてよ」と、毎日のように電話の誘いがある。ついに根負けしたA子がB子の言うことを信じて公園まで出掛けて行くと、すかさずB子は持っていたものを差し出した。

「ハイ、これ」

もちろん、シンナーであった。

A子は、B子から渡されたシンナーの袋を両手で握った状態で、公園のベンチに座ったまま、ためらっていた。久しぶりにシンナーを手にして、「吸ってみたい衝動に駆られる自分」と、「ここで吸ったら再び少年院に逆戻りしてしまうので、絶対に吸ってはいけないと自制心で踏ん張る自分」との狭間で、A子は葛藤していた。

しかし白昼のことである。二人の様子を目ざとく見つけた通行人が警察に通報した。「おかしな女の子が二人、公園のベンチに座ってシンナーを吸っている。早く、捕まえんと大変なことになる」。

すぐに警察官三名が現場にやってきた。すでにシンナーを吸ってラリっているB子と、そのB子の横に座るA子も、「シンナー吸引の現行犯」として逮捕された。

それを知ったY君、天地がひっくり返ったのはいうまでもない。これが、A子にかけられた「劇薬物吸引事件」の二度目の容疑であった。

緑のヒヨコが手の中で踊る

逮捕の二日後、Y君が事務所にやってきた。悲壮な顔付きをしていたので、「これはただごとではないなぁ」と思った。

Y君は、「A子は、シンナーを吸っていません。先生、何とか助けて下さい」と言う。初対面の私としては「半信半疑」である。こうした経緯でシンナーの袋を握っていた「前科者」が、はたして「持っていただけで、吸っていません」などと言った弁解が通用するだろうかと。

ともかく少年鑑別所に行ってA子に接見して、直接自分の目で確かめて本人の弁解を聞くしかない。早速、Y君の車に乗せてもらって、翌朝一番の午前九時に少年鑑別所に出向いた。顔にはアトピーがあり、それが第一印象のA子であった。しかし、どことなく目が生きていた。「目が死んでいなかった」と言うべきかもしれない。

回りくどい話をしている時間はない。「本当は、どうなの？」と突っ込む。A子答えて曰く、「私、B子から渡されたシンナーを持っていただけで、絶対に吸っていません。信じてください」。

真に迫る言葉とは、こういうことだろうかと思う。

「じゃぁ、君が、今回本当にシンナーを吸っていないことを、どうすれば証明できるだろうか？　どうしたら、裁判官が信用すると思うか？」とアリバイ証明を求めた。

信じてあげたい気もするが、私の中で「そんなこと、どだい無理だろ」というような両方の気持ちが交錯する。

ところが、すぐに、予想もしない意外な答えがA子から返ってきた。

「先生、私、シンナーを吸うと幻覚が出るんです。今回は、吸っていないので幻覚は出ていません」

「えっ、どんな幻覚なの？」と聞くと、「私の場合、シンナーを吸うと合わせた両手の中で、緑色のヒヨコが踊るんです」と言う。

初めて聞く言葉だった。一瞬、なんのことかと我が耳を疑った。しかし、よく考えると、これはまさに「本人でしか知り得ない、語れない表現ではないか」と思った。

こうしたやりとりを、約一時間しているうちに、なんとなくA子の話が信用できるように思えてきた。

「吸っていない、持っていただけというのは、本当かも知れないなぁ」と。

経過レポートの作成を指示

拘留初日のこと、担当刑事さんの取り調べが始まる前に、すぐに、A子にレポートを書くように話した。自白を強要されるようなことはないかもしれないが、万一ということもある。ましてや十六歳の同種前歴を持つ、しかも「少年院帰り」の身である。A子の言い分を刑事さんが簡単に信用してくれるとも思えない。いわんや「かつてのシンナー連れのB子と一緒に現場にいた」、そして二人は一緒に現行犯逮捕されているのである。

後々きっと役に立つかもしれないので、少年院仮退院後の行動をできるだけ詳しく書いてほしい、すでに結婚の約束までしたというY君と出会って、同棲を始めた経緯や、特にシンナーを吸った時に現れる特殊な幻覚の説明などを中心に、しっかりと書くようにと助言した。

覚醒剤使用のケースでは、被疑者が同意しなくても最終的には裁判所の令状により強制採尿の方法が取られ、実際に覚醒剤を使用したかどうかが判明する。しかし、シンナーの場合は、本当に吸引したかどうかを科学的に証拠立てるような方法が確立されているのかどうか、これまでの刑事事件記録からは私には分からない。本人が正常な状態を取り戻して、吸引の事実を自供すればことは片付くが、それでも否認する場合の立証は難しいに違いない。それだけに、事件として立件されるに至った時の状況証拠が重要になると思われる。この点、一緒にいたB子は当てにならない。

そして、なんとA子は私のこの要請にわずか三日で応じてくれた。吸引していないと言い張るA子の言い分は、どうも確かなようだ、なにしろ気合が入っている。

A子には、「刑事さんには正直に話した方が良いが、吸っていないことは最後まで『吸っていません』と頑張りなさい。安易にやっていないことを認めてしまうと後から否認してもなかなか認めてもらえない、だから吸っていないのであれば否認で頑張り通すことだよ」と励ました。

私は、「この子は、なんとか頑張り通せそうだ」と思い始めた。

覚醒剤にせよ、シンナーにせよ、こうした薬物に手を染めた人間への対処方法のほとんど唯一といって良い有効な手段は、「本人を、これまでの環境から断絶させること」である。A子の場合、B子とは一切の接触を持たせないことである。その点では、Y君の作戦は間違っていなかった。

しかし、「A子をこれまでの環境から脱出させる」には、具体的にどんな方法があるか、すぐには思いつかなかった。もしそのことを可能にするとしたら、これまで関わりのあった者たちの手の届かない場所にA子を転居させることであり、ということは、Y君も一緒に転居するしかない。それも、誰もがすぐ行けるような近距離ではダメである。

環境を変える

そこで、私は司法修習生二名と一緒に、Y君の車に乗せてもらってY君の両親に会いに行った。Y君の両親は、近県の風光明媚な地に住んでいたのである。住まいは綺麗で、広々としていた。しかし、私の目当ては、住んでいる部屋の綺麗さではなく、何室あるかの確認であった。結婚を約束した息子とそのフィアンセであるA子の二人を、Y君の両親が引き取り、二人を住まわせるだけの部屋数の余裕があるかどうかである。

幸いにもそれがあった。こうして、Y君の両親は二人のために力を貸してくれることになった。「同居しても良い。私らが二人の面倒を見ますから」と言ってくれた。

次はY君の仕事探しである。日曜日、Y君のお父さんが勤務する会社に皆で行った（押しかけて行ったといって良い）。社長さんが、我々を待っていてくれた。話は早かった。Y君は現在勤めている大阪の会社を退職して、お父さんの勤めている会社に就職させてもらう。その了解を取り付けることができたのである。

社長さんが、我々の熱意に応えてくださった。口だけではなんだから、Y君の両親には「二人を引き取って面倒を見ます」の誓約書、社長さんには「Y君の雇用を約束する証明書」を書いてもらい、すぐに家裁に提出した。

審判に立ち会ったのは、私と二人の司法修習生、婚約者のY君とその両親、社長さんの総勢七名、本人A子を含めると全部で八名が同席することとなった。だれかれなしに審判に立ち会えるわけではなく、少年の今後の更生にかかわり合いを持つ者に限られる。ただ、ここにA子の母親はいなかった。私から、お母さんに連絡するかどうかを聞いたが、A子は消極的だった。こうした経緯から、本来は親権者が娘の審判に立ち会うのが通例であるが、裁判所からも母親に対しての出頭要請はしなかったようである。

結構年配の男性の裁判官(少年事件では「審判官」という)が、審判の最後にこう言った。

「君ねぇ、君は、よほど幸せ者だよ。皆が、ここまでのことをしてくれるケースは、本当にめったにないことだよ」

A子は、こうして他県の保護観察を受けるという保護処分になった。

審判廷で、A子は再度少年院に行かずに済んだことの感激と、同時に最後まで自分を信じてくれたフィアンセのY君やY君の両親に感謝し、人目もはばからず審判廷でおいおいと泣きじゃくった。もちろん、Y君も泣いていた。

認定事実は、当然のこと「シンナー吸引ではなく、所持だけ」であった。

これでようやく一件解決した。五十日足らずであったが、付添人冥利に尽きる活動であったと振り返った。二人の修習生も、良い勉強になったことだと思う。

一か月後、その風光明媚な浜辺でバーベキューをする約束をしていた。そしてちょうど一か月後の約束の日に、再度修習生二人を伴って、彼ら二人を訪問した。当日はあいにくの台風で、浜辺でのバーベキューはできなかった。その日、A子は見まちがうほどであった。A子はたった今、まるでグラビア少女雑誌から飛び出してきたかのように一大変身していた。その姿に私はびっくり仰天した。あのアトピーの少女とは本当にまったく別人であった。

少女時代、家庭的には恵まれなかった時を過ごしたA子ではあったが、Y君という素敵な青年と出会えて、大きな幸せを手に入れることができたと思う。こうしたシンナー漬けの非行少女も、善き人と出会うことができれば、しっかり更生できる。A子は、まさにその証明である。

シンナー事件でなくても、新たな非行少女に出会うたびに、私はふとA子のことを思い出す。A子はもう何歳になっているだろうか。そういえば、A子との最後の別れの時に、私は、とっさにY君の前で彼女が手首にはめていた金属製の腕飾り多数の中から「輪っか」一つを手首から外してもらって持って帰った。その「輪っか」は今も事務所においてある。

A子は、もうあの当時の母親の歳を超えたであろうか。

◆第5話◆

家出歴三十回のつわもの少女

家出を繰り返す十五歳

そのコンビニ強盗未事件をおこした十五歳の少女C子は、小学校五～六年生の時には不登校になって家にこもっていた。ところがその後、中学生になるや一転した。そして、体力もつき自信もついたのだろうか、これまでに家出を三十回以上繰り返していた。

上には兄が二人いた。二人はしっかりしているが、このC子は末っ子の甘えん坊で、学校にも行かず、酒にタバコに深夜徘徊に不純異性交遊と母親も手をやくほどになっていた。両親はC子が小学校入学前に離婚し、C子は下の兄とともに母親の元に残ったのであった。

ところが、離婚した父親は、C子たち三人が暮らしている元の家の近くで長男と二人で暮らしている。そこで、C子は家出のつど、ついつい、手の届く所に住んでいる父親にせがんでは小遣いをもらって、その場しのぎを続けていた。父親も父親で、家出を繰り返している我が末娘に対して、せがまれるとついつい小遣いを渡してしまう関係ができていた。

長男も、そしてまた一緒に住んでいる少し歳上の兄も、ともにとても真面目で二人ともすでに社会人として働いている。「この子だけがどうしてこうなのか?」と、母親は長い間自問自答を繰り返していた。しかし、答えの出ないまま時間だけが経過した。

C子の不登校時代、母親は何とかして娘を学校に行かせようと、あの手この手を試みたものの、何をしても効を奏することなく、苛立って娘を叱れば叱るほど反抗する娘に、ほとほと手を焼いていた。離婚した夫は甘すぎて、相談しようにもまったく頼りにならないので、結局は一人で悩み続ける日々だった。

ただ、唯一の救いは、母親の姉、つまりC子の伯母さんは、C子にはとても理解があり、他人を温かく包み込んで励ますようなタイプの人で、母親はこの姉をとても頼りにしていた。

その伯母さんから聞いた話だと、C子は小学校三～四年生のころまでは非常に活発な子どもで、なんと少年野球チームに所属しており、当時はとても生き生きとしていたという。それがどういうわけで、いつの間に不登校に陥ってしまったのか、皆目見当もつかないと嘆く二人であった。

接見の時、どうして少年野球を辞めたのかを聞いていくうち、C子はようやく本音を語り始めた。少年野球の場合、女の子は小学校までで、それ以上は少年野球を続けられないということが分かってきたという。コーチにそれとなく告げられたらしい。あれほど頑張っていた野球ができなくなることを知らされて、C子は急激に希望も自信も失っていったようである。それはC子が、不登校になったちょうどその時期と重なるようで、C子の心の中の何かが少し見えてきたような気がした。

「結局、私がうるさく言い過ぎて、しつけが厳し過ぎたのでしょうか？」と、長嘆息の母親であったが、娘の行動に打つ手もなくなっていた。以後は母親の心の糸が切れ、C子はいよいよ家にも戻って来なくなっていた。

私が初めて母親に連絡をとった時、「少年審判まで、まだ、だいぶ時間がありますから一緒に考えましょう」と伝えると、電話口の声が途絶えた。どうも泣いている様子である。母親として、出口の見えない迷路に悩み続けてきた、その悲嘆のあまりの嗚咽であろうことは推測できた。電話の向こうとはいえ初対面の私の前でいきなり泣きだすとは、どこか堰を切るものがあったのだろうと思った。

事件は深夜のコンビニ強盗

C子は、これまでに何人かの男の子と交際してきた。そうした男の子は皆未成年であった。ところが、今回の交際相手は成人で、しかも会社勤めをしていた。この交際相手は、両親と同居していたが、C子を自宅に連れ込んでも苦情一つ言わなかった。

彼氏は、仕事に行くのがだんだん億劫になっていく。C子と過ごす方が楽しいからであろう。そのため給料もすでに使い果たしていたので、母親にねだって小遣いをもらったりしてはその場しのぎで遊んでいたが、それにも限界が来た。そしてついにコンビニ強盗を思い立ち、決行することにしたようである。

家から遠く離れた他府県のコンビニの深夜二時ころのこと。客のいないのを見計らって、「包丁らしきもの」をズボンのポケットからちらつかせて見せ、カウンター越しに「金出せ」と凄んだ。

しかし、凄んだつもりの彼氏の声が小さい上に、なんとなく頼りなさそうに見えたのであろう。逆に店員さんの方が大きな声で、「お前ら警察呼ぶぞ」と一喝した。

その気迫に押されて怖くなった二人は、結局何も取らずに一目散に逃走した。

調書によると、「包丁はどこで売っているやろか？」と質問する彼氏に対して、逆にしっかり者のC子が言ったという。

「そんなん、コンビニで売ってるやんか」

さらに、店員さんを脅した時のこと。C子が彼氏の横から、「出せ出せ、早よ出せ、札を出せ」と言ったという。

私に何ができるか

二人が逮捕されたのは、事件から二か月ほど経った時だった。成人している彼氏は、強盗未遂という刑事事件として応分の処罰を受けたのはいうまでもない。問題なのはこのC子。私ができることはいったい何だろうかと自問する。

当番弁護から始まったこのケース、新人の女性弁護士を誘って一緒に取り組んでもらうことにした。新進気鋭である。とりわけ女の子の審判だけに、何か有益な着眼や発想が得られるかもしれないと期待した。

早速二人で勾留先の警察署に行き、C子と接見する。まだ逮捕拘留段階である。二度目の接見の時だったか、担当刑事がうっかりこう口走った。

「先生、この子、相当なつわものですよ」

つまり、家出歴三十回を超えるということは、そのつど深夜徘徊等々での補導歴も相当な回数なのであろうと察した。そこで所轄、つまりC子の地元警察では有名な「札付きの非行少女」として名前が通っているということを言ったのかもしれない。それを称して、C子が「つわもの」なんだと。

ところが、私たちの前に現れた十五歳の少女は、予想した茶髪でもなく、どちらかといえば比較的おとなしい感じの女の子であった。むしろどことなく元気がないような雰囲気で、覇気に乏しかった。
接見のつど、「元気にしているかい」と声をかけても、少女は少しはにかんで笑う程度。ヤンキーっぽい少女であったならばともかく、とてもとても、「つわもの少女」とはほど遠い感じである。

少年に対する捜査側の見方と、弁護側の見方のズレだろうと思う。

家出歴もさることながら、事件は強盗罪である。幸い未遂に終わったとはいえ、共犯者との刑のバランスもあろうし、この事件だけでも少年院送致の可能性が高いと思われる。しかし、まだ十五歳で歳も若く、これまでに家裁送致となった事件を起こしたことは一度もない。その意味では初犯である。少年院送致が常に悪だというつもりは毛頭ないが、付添人としては、何とかして社会の中で更生する可能性を追求すべきだと思う。とは言え、どうすれば目の前にいるこのC子を少年院送致ではなく母親の元に返せるか、何をすれば保護観察にしてもらえるか、いずれにせよ悩ましい課題である。
付添人の問いかけに「食いついて来ない少年少女」は、何を考えているか分からないという感じで、その本心・本音がつかみづらい時がままある。

このC子が、はたして率先してコンビニ強盗を思い付き、彼氏をけしかけてナイフを買わせ、現場で「出せ出せ、札を出せ」などと、強面《こわもて》の兄ちゃんらが言うような脅迫文言を言っただろうか、言えただろうか、と疑問を持つようになった。

いずれにせよ、家裁送致後の鑑別所では、警察の留置場と異なり静かに反省する時間が持てるので、すぐに手紙で宿題を出してレポートを書かせた。予想通り、やはり文章力に乏しい。自分の気持ち、考え、反省している点、被害者に対する謝罪の気持ちなど、とても世間様に見せられるような文章ではなかった。

しかし、それでも我々の仕事は終わらない。どのようにすれば、C子が前向きに生きようという気持ちになってくれるか。

なにしろ、中学校にはあまり通えていないのだから無理からぬことではある。それでも懲りずに反省文を書き直すように伝えた。長足の進歩とまではいかなかったが、次第に文章もまとまりを見せ始めた。「少年院送致の公算が高いが、たとえそうなってもいずれは社会に復帰する、その時はどうするか」といった一種禅問答を繰り返す中で、ようやくC子は前向きになっていき、「高校に行きます」と、希望を口にするようになった。

母親の変化と少女の変化

母親と一緒に被害店のコンビニを訪問し、C子が書いた謝罪文を渡して読んでもらった。直接の被害者である当夜の店員さんは、店のシフトの関係で出勤していなかったが、店長さんが応対してくれた。

実害はなかったので、お金での弁償は不要だろうと判断して、菓子折り一つを持参した。奥まった部屋に通されての立ち話ながら、C子の経歴などをかい摘んで伝える中、店長さんはとても同情してくれた。その店長さんの態度や発言に接した母親は、ここでも泣き崩れた。偶然だろうが、良き理解者の店長さんに出会えて母親はとても喜んだ。

この事件の中で一つの変化があった。それは母親である。派遣の仕事をして生計をたてていたが、一念発起して、今度は介護職の資格を取るとの目標を持ち、そのための勉強を始めたのである。もともと、以前から希望を持っていたようである。

そのことを知ったC子は、かつては小言しか言わず、今ではほとんど自分のことを見向きもしなくなっていた母親の大きな変化に驚かされ、それに大いに刺激を受けたようで、自分も早く高校受験の勉強をしたいと言い出した。

C子は、親の負担を減らすため、通信制高校に行くと言う。わずか五十日弱の施設収容の中でも、これは母子共に大きな変化であり、大きな前進だった。四十歳を過ぎた母親がまったく新たに始めた勉強である。「子どもは親の背中をみて育つ」とは、まさにこのことだろうと思う。母親が、無言でC子を善導することになった。

こうした母子の変化の内容を、助っ人に入ってくれた付添人が克明に、かつしっかりとした文章の意見書にまとめてくれた。私たちは合計三回調査官と面談した。年配で、物腰の柔らかい優しい感じの方ではあったが、最後は「少年院です」と言い切られた。しかし、私たちはあきらめなかった。たとえ短期間であってもきっかけさえあれば人は変われるんだ、と。ましてや少年少女ならなおさらのことである。

現に、C子はこの短期間の中で、通信制高校で勉強をし直すという目標を持ち、すでに勉強を始めた。つい数か月前まで、家出補導歴三十回に達する「つわもの少女」であっても、何かの拍子にスイッチが入れば劇的に生まれ変われるのだ。正直、私たちもC子の変化に大変驚かされた。

追及の手をゆるめない若い審判官

いつの間にか、少年少女に付き添って、私も三十年が過ぎた。しかし一つの少年審判が休憩を挟んで三時間近くになったことは、これまで経験したことがない。通常は「四十分枠」の持ち時間である。家裁の書記官からは、事前の日程調整の時に言い渡される。「一時二十分から二時までです」といったふうに。

このように時間枠で区切られると、四十分はまたたく間に過ぎてしまう。審判官の質問が長引いたりすると、付添人の持ち時間は残りわずかになってしまう。審判官は、すでに結論を決めた上で審判にのぞむので、どこかしら要点の確認作業に見えてくる時もある。

そのためか、審判官は、勢い一方的かつ矢継ぎ早に少年に対して質問をすることになりかねない。たたみかけられてしまう状況の中で、審判官は最後に言う、「言いたいことは、言えましたか?」と。その言葉を聞いて、「はい、言えました」と胸をはれる少年は、そう多くはないように見える。

ところが今回の審判は、まったく違った。どんなに時間が経っても、C子に対する追及の手をゆるめないのである。

それは、「たたみかけ」たり「矢継ぎ早の早口でする質問」とはまったく逆であった。C子に、まず質問の意味を考えさせ、そして、それに対する回答も当然その場で考えさせる。C子が答えるのを、辛抱強く待ってあげるやり方である。

これには私たちも大いに勉強させられた。なかでも一番印象に残ったのは、「被害にあったコンビニの店員さんは、今もそのコンビニに勤務していると思いますが、夜の時間帯になってきた時、どんな気持ちで店に立っていると思いますか？」という質問があった。

「強盗の被害に遭遇したその時に、店員さんは、どう思ったと思いますか？」という質問であれば、すぐに「怖かったと思います」と答えるのはたやすいことである。しかし、すでに事件から半年近くが経っている現在の店員さんの夜勤時の心境について、少年が想像力を働かせて、思いやることができるか。

夜勤の時間帯になると、また強盗がくるのではないかという一種のトラウマに襲われているのではないか。こうした被害者の心境や気持ちについて、C子が自分で想像して、自分の言葉で答えるまで待つ。

そうした被害者の気持ちを想像できる人間に成長させていくような教育的指導の場でなくては、本当の意味の審判ではないと感じさせられた。

調査官の意見に反して、処分は保護観察であった。C子にとっては生涯に一度しかないような、ビッグなプレゼントとなった。そして、私どもも真に感銘力のある審判を経験させてもらった。

その審判官の名前は全員の記憶に留められ、私も新人弁護士君も、同様にビッグな経験ができた。

出会いの大切さ

◆第6話◆

女友達の一言が少年を変えた

あるヤンキー少年

ある日のこと、親しくさせていただいている保護司の青木さんからの依頼が舞い込んできた。聞けばまるでエリアが違う離れた地域の子どもだという。

めずらしい話だなぁといぶかっていると、その少年は元暴走族集団の一人で、青木さんはずいぶん前からその少年に関わってきたのだという。なるほどそういう関係だったかと合点する。それにしても、少年の生活エリアは、いったいどこなんだろうと想像してみる。

早速、その少年の母親に事務所に来てもらおうと思い、その旨お願いした。ところが、母親からはなかなか返事がもらえない。ようやく連絡がついたのは良いのだが、今度は仕事の都合がつきにくいとのことで日程が合わないと言う。昼間に限らず、こちらは夕方でも、どうかすれば夜にでも都合をつけると言っているのに、である。

やっと日程が決まった際に、母親に聞いてみた。

「息子さんには、もう何回か面会されましたか」

返って来た言葉は、「いえ、まだです」

逮捕され、拘留（拘留に代わる観護措置）されて、すでに十日以上経過していた。少し気になる。


ちなみに、とある事件の母親には、年末年始の数日以外は、逮捕されたその日から審判の前日まで、土日祭日以外は欠かさず毎日鑑別所まで行ってもらったことがある。毎日のように欠かさず少年に面会に行くというのは、言うほど容易なことではない。しかし、少年がこれまでに生きてきた人生の中での最大の危機に直面した時、親がどのような態度を取るかを子どもは見ているのである。

面会時間も、たかが十分程度しかなく、差し入れたジュースを飲んでいたらすぐにタイムオーバーになる。毎日のことだけに特別の会話もないが、それでも少年は安心する。親は自分を決して見捨ててはいないんだと。

親の方から自発的に日参されるケースもあるが、ケースによっては日参してもらう場合がある。たとえば、否認事件の場合などである。午前中に私が接見する。時間帯としては十時から十一時。そして、午後には両親に、交代で面会してもらう。時間帯的には午後二時から三時。こうすることにより、少しでも冤罪《えんざい》が防げるなら、できることは何でもしなくてはならない。

冤罪の防止は、可視化されていようがいまいが、大事な課題である。あえて申し上げるが、捜査の妨害をすることが目的ではない。少年が大人に問い詰められて、うまく話ができずにやってもいないことまでうっかり事件を認めた発言をしていないか、皆で協力し合い、手分けしてチェックをするのである。

警察署（通称「ブタ箱」）であればなおさら、少年鑑別所であっても（拘留に代わる観護措置）、接見と面会を一日怠ったばかりに、否認していたはずの少年が、事件を認めてしまっていたということだってあり得ることである。その意味では、付添人の接見は言うまでもなく、身内の方の面会も手が抜けない時がある。

好きになった女の子

話を元に戻す。

少年に接見した。なかなかメリハリのきいた、元気坊主であった。

「こいつ、もう、大人やなぁ」、これが第一印象であった。不遜な言い方かもしれないが、「久々のヒットやなぁ」。その心とは、たとえて言えば、「打てば響くという感じの少年」という意味である。

この少年は、最近まで、東京でアルバイトをしていたという。なぜ東京なのかがイマイチはっきりせず、いろいろと経過がありそうなので、とにかく詳しい経緯をレポートしてくれるようにと、少年に頼んだ。急ぐ時は、少年鑑別所を出るとすぐに事務所に携帯電話を入れる。そしてこの少年にふさわしいテーマと課題をその場で「宿題」と題する書面にしたためさせて、速達郵便で少年鑑別所宛てに出してもらう。

次回、何日の何時に接見に行くので、それまでに宿題をレポートしておくようにと付記するのである。

「東京に行く決心をしたのは、ある女の子が好きになり、その女の子の女友達が偶然にも自分の同級生だった。そこで、『あの子を紹介してほしい』と頼んだことに始まる」と言う。

その同級生の一言が素晴らしかった。

「今のようなあんたに、あの子似合えへんわ。真面目になったら紹介してあげるわ」

少年は、なんと、この同級生の忠告に一念発起して、東京でのアルバイトで頑張ってみる決心をしたのだという。そのアルバイトの仕事とは、撮影現場での照明技師の手伝いであった。そして、北海道の有名な高校で教師を殴って退学になり、その際の就職先として紹介を受けたのがこの仕事だったが、中途半端で仕事をやめていたので、もう一度挑戦してみたいと思ったそうである。

教師を殴って退学になるくらいだから、当時は相当に「きかん坊」だったにちがいないと想像した。それにしてもなぜ東京なのかと問うと、「どこまで自分がやれるか試してみたかった。それが東京だった」と真顔で言うので、そう信じることにした。

コンビニでパンとおにぎりを買って帰り、一人暮らしの夕飯の何とも寂しいことではあるが、彼には目標があったので三か月間耐えられた。その寂しさに耐え抜いた時の心の葛藤が、克明に手紙にしたためられていた。

この少年は、この僅か三か月間に、東京で大きく成長したんだなぁと感心したことであった。そして、今回の事件は、一年も前の暴走行為だった。

少年の持つ力を母親に伝える

しかし、肝心なのは、東京に行く前に少年がなぜ非行に走ったのか、それはどこに原因があったのかを、見極めなくてはならない。「反省しています」的な、通り一遍の話をしても、審判官は納得するはずもない。

しかし手掛かりは、少年の手紙の中にはっきりとあった。

「あの頃は、地獄でした」

びっくりするような、そしてストレートな告白であった。どういうことかというと、学校から帰って来た少年に対して、母親は、少年に勉強させるため、机に縛りつけて勉強を強制したという。これが、この母親の子育て方法だった。

少年と母親には、通算するとそれぞれ五回以上手紙の交換をしてもらった。少年の手紙は、便箋にして五十枚近くあった。内容は毎回が新鮮で掘り下げた内容であった。他方、母親の手紙は、はるかに分量はその上を行った。しかし、内容としては、過ぎ去った過去のことを繰り返すばかりで要領を得ず、次第に読むことも苦痛に感じだした。

私は、母親に対して言った。

「正直いって、お母さんの手紙は長いけれど、いくら読ませてもらっても内容が乏しくて、何か伝わるものがないように思う。それに引きかえ、息子さんの手紙は内容があって素晴らしいと思う。お母さんは、息子さんの持っているこんな素晴らしい洞察力に気付いていましたか?」

こうした親子間の手紙のやりとりは、裁判所にＦＡＸで送信する。家庭裁判所は、書面の形式にはこだわらないところで、少年の審判に役立つものであればなんでも目を通してもらえる。審判官や調査官は、四～五日おきに送信されてくる二人の手紙を読んで、少年と母親の変化を知ることになる。

調査官との面談の意味

少年事件においては、調査官や審判官とじかに会って、この少年の抱えている問題点や、少年を取り巻く環境調整についての協議をすることは避けられない。ただ漫然と調査官に面談を申し入れても、問題点は浮き彫りにならず、従って面談の成果も期待できないことがある。

そもそも調査官と面談する目的は、単に少年審判の行方を探るだけではない。むしろ、この少年の抱えている問題点をどのようなテーマとして調査官と議論するかに主眼がある。その議論のテーマは、むしろ付添人の方から積極的に提供するなり、設定しなくては議論も深まらないことになる。

わずか四週間そこその短期間に、少年には自分の長所や短所に気付いてもらい、母親にも少年の課題や子育ての至らなかった点などに気付いてもらう、あるいはそのためのサポートとして具体的な方法を助言することも、付添人の役割である。

裁判所には、少年や親の変化を「目に見える形」で提供する必要がある。目に見える形とは、少年のレポートや母親の手紙に加えて、付添人から発信したレポートの宿題、その宿題に対する回答などのフィードバックのやりとりの書面を、裁判所に送信するのである。

家庭裁判所の少年審判は、少年とその環境が、少年の更生に向けて期待が持てるかどうかが問われる。調査官も審判官も、口先だけの反省では心が動かされない。

少年が頑張った東京での三か月間の仕事ぶりについては、社長以下九名全員の方々が自署押印までした「出勤証明書」なる書面を送ってくださった。無遅刻無欠勤だったという。一日も休まずに頑張り通したことが、短い文章の中ではあるが、感動的な言葉で記されていた。この書面を受け取った私は、「よし、これでいける」と確信した。

その後の数か月で、少年は劇的に成長を遂げた。少年の母親には、それがなかなか見えないふうであった。

子育てとは、子どもが自分でできるようになるまで待ってあげることだと私は思っている。そして、同時に子どもの心を傷つけないことが大事である。子どもの成長の喜びを、言語的にも非言語的にも子どもに伝えること。せかさず、あるがままの子どもを受け容れて、子どもの人格を認め、そして小言を言わないことだと、つねづね思っている。

この母親に相当辛辣な言い方もした私であったが、母親は初めて少年自身から本音を聞けたという気持ちからであろう、あきらめずに私の問題提起に応えてくれた。

審判に出頭した少女

審判には、セーラー服姿の美少女が少年を出迎えた。手紙でしか知らなかった十七歳の少女は、歯科衛生士の資格を取るための学校に入るそうである。この少年の心の支えとなってくれた美少女は、限りなく輝いて見えた。

「若いもんは、いいなぁ」

本当は、彼女の女友達、つまり少年の同級生だった少女に会いたかったが審判には来なかった。残念な気がした。「あの一言」を言ってくれたお蔭で少年は自立できた。非行少年も、恋をして生まれ変わった。母親の小言では子どもは育たないことの証明であろうかと思う。

少年事件では、非行を繰り返す少年に関しては、毎回同じ調査官と審判官が担当するシステムのようである。しかし、初めての事件の審判の場合、その少年が審判官に出会うのは、ほとんど一回きりであろう。

しかも、審判にかける時間は前述したように四十分間ほどである。挫折し、屈折し、非行に走った少年少女の心の襞《ひだ》に触れることができるかどうか、そうした審判になるかどうか、長年見てきた。

審判手続を取り仕切るのは、裁判所つまりその場の審判官である。ほとんど説教だけで終わる時もあった。こんな時は、聞いていて気が重くなる。そうした場合に限り、少年に対して、最後に「言いたいことは、言えましたか」とダメを押す。

かつて、家裁は、エリート裁判官の「一時の腰掛け」場所だと陰口を叩かれた時代もあったが、今は時も移り、非行少年少女の心底を読み解こうと真剣に向き合うことを心掛ける若い審判官に出会える時もある。そんな時はすがすがしい気持ちにさせられる。

◆第7話◆

あるネグレクトの少年

少年が抱える深刻な問題

少年法では、罪を犯した場合の他に「虞犯《ぐはん》」でも審判に付されると規定されている。虞犯とは、分かりやすくいえば、「このままこの少年を放置しておくときっと何か事件をやらかすかもしれない心配がある」ということである。

ただし、少年であれ成人であれ、警察が人を逮捕するには、当然それなりの理由がなくてはならない。パトロール中の警察官による職務質問をきっかけに現行犯逮捕する場合のように。

　この十七歳の少年もそうであった。乗り捨ててあった他人の自転車を、自分の足代わりにして使っていたのである。パトロールをする警察官もベテランともなると、その自転車が本人のものかどうかが直感で分かるのであろうか。どうも怪しいと臭うのであろうか。

　盗難届は出されていなかったが、たとえ道端に乗り捨ててあった自転車であっても、他人の物であることを承知で黙って乗ってきたりすると刑法上「遺失物等横領罪」（刑法二五四条）という犯罪になる。

　しかし、そうした罪で少年を逮捕して、「事件にする」のは一つのきっかけに過ぎない。この事件には、少年とその家族が抱える深刻な問題が横たわっていた。

　少年の自宅は、最寄駅から徒歩五分程度の場所にあった。しかし、家族は、少年を家からシャットアウトして家に入れない。そうなって、もう三か月近くになる。典型的な家出少年とはだいぶ様子が違う。というのも、自分から家出をしたわけではないし、毎日、仕事を終えて帰宅するものの玄関のドアを開けてもらえないというのである。

やむなく、少年はその最寄り駅につながるショッピングモールの軒下で寝るしかなかった。少年は、自分で見つけてきた小さな引越屋に勤めている。アルバイトではあるが、仕事はとても真面目で、後輩の面倒見もよく、会社からは貴重な戦力として評価されている。十七歳にしてはがっしりとした体格で、力仕事を厭わないのである。

勤務先は自宅からもそう遠くはない。それにしても、ショッピングモールの軒下で朝を迎え、そこから勤めに行くというのは、誰がどう考えても奇異であり、希有なことである。パトロールの警察官も、一見してホームレスと分かれば、関わらずに無視することの方が多いもしれないと想像する。人がどこで寝ようが、他人様に迷惑さえかけなければ職務質問も不要であろう。

しかし、今回の場合は少年である。これは見過ごせないと、警察官も直感したのであろう。少年が寝ている傍に置いてあった自転車に目を付けて職務質問をした。その結果、他人の自転車を失敬していたことが判明し遺失物横領の罪を犯したという容疑で逮捕、少年鑑別所収容となったわけである。

会社は無断欠勤することになるし、少年審判までは相当長期間の欠勤になってしまう。少年にとっては初めての経験で、どうすれば良いのか途方に暮れて家庭裁判所に弁護士付添人の選任を頼んだのである。

私は両親に会う前に、記録も読まず、先に少年鑑別所で接見をした。その結果、少年が家に入れてもらえない理由は、主に少年の側にあることが分かってきた。そのことは、少年自身も認めていた。

家庭訪問から見えた実情

そこで、実情を知るために少年の自宅を訪問し、両親とお姉さんに会って話を聞かせてもらうことにした。応接間に通されるが早いか、父親からは開口一番、「あいつのお蔭で、家内は、これだけ大量の薬を飲んでいる」とカゴ一杯の薬の山を見せられた。つまり、少年のせいで、母親が病気になったと言うのである。そして、少年がこれまでいったいどれほどのことをしてきたのか、まるで堰を切ったかのように、話し始めた。かいつまんで言うと、少年は、家中の金目の物を持ち出しては、それらを売り飛ばして小遣いにしてきたという。母親の貴金属類、お姉さんが大事にしていた貴重品等々のことごとくを、家から持ち出したというのである。到底許せる限度を越えていると力む。

「だから、自己防衛、家族防衛のために、せめてあいつを家からシャットアウトしているんだ」と、その正当性を訴える。

「まぁ、これを見てください」と言って連れて行かれた部屋という部屋には、一階も二階も全室鍵が掛けられていた。家族が全員が出払って留守中に少年が帰って来て、さらに金目の物を家捜しされるのを未然に防止しているのである。これにはさすがに驚かされて、返す言葉もなかった。

少年の抱えている問題、それは未だ漠然としていて見えてこない。が、それもさることながら「家族全員が抱えている問題」の方が深刻そうに思えてきた。

家族皆さんの決意は固かった。これまで息子がしてきた家族への裏切り行為は、報いを受けて当然であるとして、これ以上、家族に面倒をかけるようなことになれば、母親の病気は一層深刻になるだろうし、シャットアウトは最小限度の防衛策なんですと、何度も力説する。

私の淡い期待は、あえなく頓挫した。さて、どうするか。毎日、ちゃんと仕事に通っている少年が、軽率にも乗ってきてしまった他人の自転車、あえていえば「たかが遺失物等横領罪」である。仕事もせずに深夜徘徊をくり返し、多数の事件を起こしている少年のできごとの一つではない。わずかに一件だけの微罪が、家族がいても帰住先がないというだけの理由で少年院送致になって良いはずがない。

ある牧師さんとの出会い

ここは何とかして、この少年のために帰住先を確保してあげることが私の最大の仕事だと考えた。しかし、言うは易しで、簡単に見つかるわけもない。

ところが、偶然の機会があった。とある会合で、偶然牧師さんと知り合った。藁をもつかむような気持ちから相談を持ちかけてみたところ、すぐに返事がきた。知り合いの教会が、少年に限らないが、そうした行き場がなく困難を抱えた人の面倒をみており、空き部屋を提供できるという。「とにかく早く教会に行って、牧師さんと相談してみてください」とのこと。ご紹介を受けて、すぐに走った。

私はこれまで教会にお邪魔した経験などなかった。神聖な祈りの部屋を通り抜けた先に居間があり、二階には談話室や個室が並んでいた。入所者が数名いて、うち少年が二名、残る四名は成人であった。入所者全員、皆様々な過去を持ちながら、今はここで前向きに懸命に過ごしているという。

私の話を黙って聞いていた牧師さんがおっしゃるには、「一番の心配は、その少年が、他の入所者である先輩たちとうまく折り合ってやって行けるかどうかですね」と。

どこの世界でも同じであろうが、先輩に対する新参者の口のきき方が生意気すぎたりして、それが度を過ごすとトラブルになりかねない。そうなると、全員が息苦しくなってしまい、時には暴力ざたにも発展しかねない。「そうなった時には、私にも止められないこともある」と言われる。ということは、「少年が、ここでの共同生活の中で、周囲の空気が読めるかどうか」にかかってきそうである。

数日後、こちらの熱意が通じたのであろう、入所了解の返事を頂戴した。私はこれを引っさげて審判に臨んだ。入所先が決まったことで、私もやりがいがあったと喜んだ。審判に出頭したのは、お父さんだけであった。聞けば、お母さんの健康状態はあまりよろしくないとのこと。

審判結果は試験観察だった。一応、少年の帰住先は確保できた。しかし、遠距離のため電車を乗り継ぎながらの通勤である。少年の日常生活が落ち着くまでは、不安定要因があり、状況を見極めないことには最終処分は難しいと裁判所は判断した。もっともである。ということは、私の仕事も終わらないことになる。

帰住先が確保できて、少年院送致を免れ、これまでどおりの職場で仕事が続けられることになって、少年も一安心していた。

しかし、教会に世話になって一週間もすると、牧師さんが心配していたとおり、数名の先輩入所者の中の一人と、どうも折り合いが良くない。その先輩入所者は成人していて、少々我慢をしている気配ではあるが、少年の度が過ぎるようなことになると爆発しかねない、そんな状況になりつつあるということだった。

教会から呼出しがかかった。「やはり、共同生活がうまくできない子です」と言う。心配していたことが的中した。全員が他人同士である。共同生活をしている以上は、互いに気遣いと遠慮も必要である。

些細な態度や、僅かな口のきき方一つが、相手の気に触ることがあり得るのも日常的なことであり、そのことに、少年自身が気付かねばならない。この少年の抱えている、もう一つの問題点が意外なところから見えてきた。少年は他人との折り合いが難しい性格を持っているのである。そのことと、自宅の物を持ち出してしまう行動とは、どうもあまり結び着かないが、どうなのだろう。

とはいえ、この教会と勤め先があまりにも遠いことから長期間お世話になるというわけにも行かないだろうと思っていた。家族は少年を家に迎え入れてくれることはないだろうか。私の行ったり来たりの思案は一向にまとまらない。

まずはお父さんの雪解け

しかし、教会での生活上のトラブルも、いつの間にか事なきを得ていた。安堵していた矢先、少年のお父さんから思わぬ連絡が入った。

「息子を引き取ります」

かといって、まだお母さんの容体は思わしくなく、お姉さんも拒否的である。そこで、仕事先のすぐ近くのワンルーム・マンションをお父さんが借りてあげることにしたという。お父さんの意外な雪解けであった。

隣県の遠方から真面目に仕事に通っている息子を見届け、お父さんの方から息子を許す気持ちになったようである。しかも、当座の生活資金まで用意してくれた。不動産会社には私も同行し、「ここならいい」という所に引越しをした。

わずか一か月少々の短い期間ではあったが、もし教会でお世話になることができなかったらいったいどうなっていただろうと、あの日の牧師さんとの出会いの幸運に感謝した。

その後、お母さんもお姉さんも雪解け間近のように聞いている。もう少し時間がかかりそうだが、もう十八歳の社会人である。少年が、一貫して真面目に仕事をしてきたことが、こうした幸運を引き寄せたのだろう。

間もなく、試験観察が明けて、少年は晴れて「不処分」となった。保護観察も、もう不要となったわけである。ただ、実際のところ、少年が家財を持ち出して小遣いに替えるといった行動に走った本当の原因や理由、その真相については、正直いって私にはつかみきれなかった。事情を聞きただすことよりも、帰住先を探すことの方が先決であったからだ。

少年のさらなる幸運を祈るばかりである。

カギは親子関係の修復

◆第8話◆

吸った数だけ拾った吸殻

保護観察中の再犯

事件は、恐喝。しかも、保護観察中の同種再犯。

一回目も二回目も、被害者は同じ中学校の同じ部活の同級生。一回目の被害額が約二十万円、二回目が約二十五万円。被害者を脅して毎回一万円、二万円、多い時には三万円と持ってこさせていた。

被害者の家は母子家庭。財布の中から、多額の金がたびたびなくなるのでおかしいと思った母親が、子どもを問い詰めた。すると、同級生から恐喝（カツアゲ）の被害にあっていること、そしてその被害の全容が分かってきた。学校への通報はもちろんのこと、警察にも被害届を出し、二人の少年が間もなく逮捕された。

これら一連の恐喝事件には、黒幕ならぬ同級生の粗暴な番長少年がおり、加害少年はこの番長のパシリ（小間使い）をさせられていた。こうした上下関係から、少年がカツアゲしてきた金はそのほとんどが番長に渡っていた。

とはいえ、少年自身も幾分かのおこぼれに預かっていたことも事実である上に、被害者にすれば二人は共犯者であることに変わりなく、厳しい処罰を望んでいた。

一回目は保護観察になっている。この時は、付添人が付いておらず、両親が審判に出頭した。しかし、保護観察になって半年も経たないうちに、まったく同様の再犯をしてしまった。図式は、前回とまったく同様である。

こうなれば、少年院送致の確率は極めて高い。その二度目の事件を家裁からの「付添依頼事件」として、私が担当することになった。

根本問題にメスが入ることなく、解決が先送りにされてしまっていたのだから、再犯は当然であろうと思う。それにしても、家裁もなぜ初回に付添人選任依頼をしなかったのか、遅すぎないかと思ってしまう。

少年の家庭は……

少年は実父と離婚した母親の、いわゆる「連れ子」で、再婚した夫と母親との間にはすでに三人の子どもができていた。勢い、下の弟妹とは歳が離れている。さらに少年は「新しい父親」に対して割り切れない感情を抱いており、どことなくその父親に対する複雑な気持ちに整理が着いていない様子である。

他方、父親も同様で、少年がなつかないというのではないが、養子縁組をして同じ屋根の下で共に暮らしていても、なかなか「お父さん」と呼んでもらえない。前夫の子どもを連れての再婚夫婦の親子関係の複雑さを垣間見た感じである。

少年は、学校での部活は熱心であった。なにしろ、プロになりたいと口にするくらいである。しかし、他方で少年は番長少年とつるんでいるため、他の同級生らからは敬遠され気味である。そうしたことから、次第に勉強もおろそかになり、授業もさぼり気味、二年生になると学内で半公然とタバコを吸うようになった。

階段の下で隠れて吸っていても、すぐに教師に見つかり注意される。しかしその場限りで教師の指導にもあまり従わない。学校は自宅に連絡し、母親にきてもらって、タバコの件や授業をさぼることや、その他学校の指導に従わない実情を伝えて「ご家庭でも、ぜひ指導をお願いしたい」と要請はするものの、好転しないまま時間が過ぎていった。

母親は、就学前の子ども二人を抱え、手の離せない年頃のため、少年にまで手が回らない状態にあるのは理解できる。新しい父親は、長距離トラックの運転手で超多忙。シフトの関係で土日もない時もある。決して少年のことを放任しているわけではないが、どことなく少年に遠慮がある。そのため、少年がタバコを吸っても、見て見ぬふりになってしまいがちであった。

見えてきた課題

まず、番長少年との関係を断たねばならない。次に、父子関係の改善。さらに少年に勉強させることと、タバコをやめさせること。これらが課題であると考えた。幸いにも、少年は将来プロのチームに入って活躍したいという希望をはっきり口にする。これはつかみどころのある少年の部類だと思った。

保護観察中の再犯の場合、いくら二回の事件とも番長少年に引きずられて犯した非行だと言っても、また金をもらっていなくても、共犯者である以上は許してもらえない。しかも、殴ったり蹴ったりして大金を家から持ち出させた罪は、非常に大きいものがある。被害者の少年の気持ちは、「君たちは決して許せない」となるはずで、早く被害弁償をすることが必要である。少年には、「番長少年の家庭は経済的には弁償が難しい状態らしいから、自分がお金を使っていなくても君の方が弁償せねばならない」等々を話した。

次に、少年に被害者の同級生とそのお母さんに宛てた謝罪の手紙を書くことを提案した。私が少年から謝罪の手紙を受け取り、少年の両親からその家に届けてもらうようにする。さらに反省文を書くこと。レポート用紙を差し入れ、一週間後に受け取りに来るので、それまでにしっかり完成させておくことを約束した。

両親には、これまでの家庭での子どもへの指導の不足は、どこに原因があったのか、どうして保護観察中に全く同じような事件を犯したのか、それらの点をどのように思っているかということをレポートしてもらった。

こうした類の課題・宿題は、通常いつでも出していることであるが、今回は、偶然、そのレポートから重要なテーマを掘り起こすことになった。

まず、第一回目。テーマを五つ出したので、レポート用紙五枚に書かれていた。それぞれのテーマごとに用紙を替えたので余白たっぷりという点は良しとして、文章のほとんどが平仮名だった。中学三年生であまりに漢字を知らない、書けないことには、正直驚愕した。

「えぇ、嘘だろ。これはいかん」と思った私は、少年からもらったレポートをそっくりコピーし、平仮名で書かれていた部分に赤線を付けて返送し、「今度接見に行くまでに、辞書を引くなりして全部漢字に書き直しておくこと」を宿題の第二弾にした。そっくり同じ文章をである。そうした指摘箇所が、実に五十数箇所あったのである。

そして約束の日に接見に行くと、全部きれいに漢字に書き直してあった。鑑別所の中で見ることができる国語辞典を引いて漢字に直したという。

「そう、これは良くできたねぇ。やればできるじゃないか」と褒めた。その私の言葉に対する反応が傑作だった。

「先生、漢字の勉強っておもしろいわ」

これには二度びっくりの私。「そうだろ、分からない漢字を辞書で引いて調べると、その漢字の読み方や意味が分かるのは、やってて楽しいよね。漢字の意味を調べていると、また分からない漢字に突き当たる。そうすると、また調べる。勉強というのは、そうやって物事の意味を知ることなんだ」と言うと、少年の目が輝いたように見えた。この子は大丈夫かもしれないと、期待を抱かせてくれた。

タバコを絶対見過ごさない

しかし、二人で自己満足していても始まらない。次のテーマはタバコ。当然鑑別所の中では断煙状態である。しかし、中学生で一日に十本も吸っていたというから、容易にはタバコをやめられないかもしれない。少年は、「もう吸わないようにします」と言う。

私、「いや、それではダメだ。絶対に吸わない、絶対の禁煙を誓わないと審判官は許してくれないよ。だから本気で誓えるか?」と突っ込む。

「はい、絶対やめると誓います」

審判の期日も迫ってくる中の、四回目のレポート。「僕が誓うこと」と題して、もう絶対に犯罪行為をしない、被害者に謝罪し接近しないようにする、授業を抜け出さない、高校受験の勉強をする、タバコは吸わない等の内容である。

このタバコについて、私は秘策を練った。お父さんにもタバコをやめてもらうことである。初めは、少々ためらい気味であったが、「息子さんの更生のための手助けになるので、ぜひ協力して一緒に禁煙してください」とお願いした。

それまでに、お父さんには少年と何度か面会してもらったり、手紙の交換もしてもらっていた。その中で、いままでになかった「心の交流」が始まっていた。こうした経過の中での禁煙依頼である。そして、ついにお父さんの禁煙が始まった。

そのことが伝わると、「僕のために、本当のお父さんでもないのに、そこまでやってくれている」と少年の心が大きく動いた。

審判廷での涙

こうして迎えた審判。

今回の審判におけるキーマンは、母親ではなく父親である。少年とは血のつながりのない父親ではあるが、再婚して以来すでに八年、一緒に住んでいる。二人はぶつかり合ったりする関係ではないが、すでに記したように互いに気遣い、遠慮と戸惑いを感じていた。少年はどうしても「お父さん」と呼べず、いつ「お父さん」と呼びかけようかと、その機会が来るのを待っていたように思えた。

問題のタバコの一件。審判の時、私は少年に尋ねた。

「君は、どれくらいの期間、タバコを吸ったのですか」

「一年半くらいです」

「そうすると、これまでに君が吸ったタバコの本数は全部で五千四百七十五本という計算になる。もし鑑別所を出ることができたら中学校を卒業するまでの残りの三か月間に、誰が捨てたのかも分からない道端のタバコの吸殻を、その数だけ拾ってくれますか」

「はい、拾います」

「審判官の前で、本当に約束できますか」

「約束します」

そして、お父さんにも訪ねた。
「お父さんは禁煙を始めましたか」
「始めました」
「いつからですか」
「子どもが禁煙をすると決めたので、その時に二人で一緒に禁煙しようと決めました」

審判の時、少年は、隣に座っている義父に向かって、ついに「お父さん」と呼びかけ、初めてその場で泣いた。また「お父さん」と呼んでもらえた義父も、その場で思わずうれし泣きをした。

この審判の日から、ようやく二人は気遣いと遠慮と戸惑いを克服し、本当の親子、父と子になれたようである。私には、審判官も何かを堪えているようにかすかに見えたような気がしたが、それは気のせいだったかもしれない。

調査官の意見は、「中等少年院（現在は第一種少年院）送致」であるが、私の意見は言うまでもなく「試験観察」。

試験観察というのは、しばらくの間少年の様子を観察してから最終処分を決めるというもので、その期間はだいたい五か月から半年くらいである。十二月二十七日、大晦日まであと五日という年末の審判。結果は試験観察だった。

少年とお父さんとの「心の交流」が実ったこと、それに加えてこれからは少年に少々甘いだけのお母さんではなく、やはりお父さんとお母さんが共に子どもにかかわるという家庭内での教育の道筋が家族間で確認し合えたことなどが審判官の心を動かした一番大きな理由だったと思う。

偶然にも審判廷を最後に退室した私に対して、審判官が小声で「勉強になりました」とつぶやいた。

試験観察終了まで

明けて正月三日、少年とお父さんの二人だけで事務所まできてもらった。問題のタバコの件についての再確認と同時に、事務所で高校受験の勉強をすることを約束していたからである。

調査官との面談が月に一回あるが、私とも二週間に一回程度の面談をすることにしていた。午前九時に家を出て、電車で事務所まで来ると十時になる。そこから私は仕事をし、少年は受験勉強の続きをするのである。

事務所での初回面談の時、私はお父さんの前でズバリ少年に聞いた。

「君は、本当は、何年くらいタバコを吸っていたの？」

私の質問の意図を見抜いた少年は正直に答えた。「本当は、二年間です」

裁判所で少し控え目に答えていたことは、だいたい察しがついていたからである。

しかし、そうなると、吸殻拾いの数がぐっと増えることになる。一日に十本吸っていたという言葉を信じるにしても、二年間となるとその間に吸った本数は、何と七千三百本に上るのである。

「君、これだけの数の吸殻を、卒業までの間に本当に拾えるかい？」と聞くと、少年は元気よく「やれます」と言う。

そこで、駅前の「百均ショップ」に一緒に行き、手頃なプラスチック容器を買った。一日拾う分は、これくらいの大きさで足りるだろう。

「それにしても、お父さんも一緒に禁煙できて良かったですね」と父親に言うと、「そうですね。思いもつかなかったです。家族みんなが喜んでいます」。

本当に思わぬ副産物であった。

その後少年から、卒業間際のある日、「先生、やりました！」と電話がかかってきた。「それはそれは、ご苦労さんだったね」とねぎらいの言葉をかけた。すでに目標としていた高校にも無事に合格し、全員が安堵した。

調査官には「これで試験観察は終了にして、保護観察にしても良いのではないですか」と投げ掛けたが、やはり「新たに通い始めた高校生活が落ち着くまで様子を見ます」という回答であった。

「それもそうか」と私も納得したが、ちょうど半年後の六月末、約六か月間の試験観察を何事もなく終えた少年は、晴れて保護観察（の継続）処分に落ち着いた。最終の審判を終えて、家族全員嬉しそうに審判廷を後にした。

私は、裁判所も、初犯だからといって軽く見ずに、少年の特性を見据えつつ、もっと積極的に「ボランティア活動」を提起することは、再犯を防ぐ上でも有効であると思っている。

◆第9話◆

保護観察中の大麻所持

父親と出頭し、逮捕に

少年は通信制高校に在籍中の高校生、十九歳であった。前年に暴走行為で逮捕されたが、主導的でもなかった上に、それ以前にはさしたる犯罪非行もなかったことから、保護観察になっていた。

どうも最近の息子の様子を見ていて、「何かおかしいなぁ」と感じ始めていた母親が、心配のあまり、少年が入浴中に脱いでいたジーパンのポケットの財布の中を覗いて見た。

そして、「いかにも怪しげな物」を見つけた。息子に、「これは、いったい何なの」と問い詰めた。

すると、息子は母親に言い放った。

「大麻や、それがどうした。他人の財布の中を勝手に覗くな、バカヤロウ」

少し前から、少年は母親に対して暴力を振るうようになっていた。財布の中身を覗き見され、問い詰められ、キレてしまった彼は、台所から包丁を持ち出してきて、母親に凄んだ。

「なんか、文句でもあるんか」

息子の、あまりの豹変ぶりに恐れをなした母親が、父親の制止を振り切って警察に通報して事件となった。二日後、少年は父親に付き添われて警察署に出頭、そのまま逮捕となった。

警察署に出頭の時、大麻を所持していたということで現行犯逮捕となるのであろうが、父親に付き添ってもらっての出頭だとしても、出頭するまで警察は「犯人も事件も認知していなかった」のであれば、自首に当たるケースだと思われたが、そうはなっていなかった。

薬物依存からの脱出

両親は、息子の麻薬事件に対して、なにをどうして良いか分からなかった。インターネットで調べて、薬物依存からの脱出の手助けをしてもらえる「ダルク」という組織があることを知り、藁をもつかむような気持ちで相談に出向いた。

この団体の責任者Kさんから紹介されたのが、このケースである。

逆に、私も時々Kさんの組織を紹介することがある。本人はもちろん、家族ぐるみで取り組んでもらうのであるが、薬物依存からの脱出の難しさを痛感させられることが多い。最近では、刑務所におけるカリキュラムとして、ダルクの方の講演が行われるようになっている。また、薬物事件での服役者を中心に、「刑の一部執行猶予」の制度が法制化され、医療や回復のプログラムにつなげることが進められている。

被疑者段階からの弁護活動にせよ、家裁送致後の付添人活動にせよ、私は最低毎週一回は警察署あるいは少年鑑別所に出かけて接見することにしている。

家裁送致の時点で、親切な調査官だと少年や親御さんと面談する日程を予め連絡してくれることがある。特に少年との面談では、少年鑑別所における調査官面談と付添人の接見がバッティングしたりすると、互いに時間のロスになりかねない。私は調査官に電話する機会には、少年に関する状況の情報を共有し合うようにしている。

今回の少年は「しおらしい感じ」の印象を受けた。しかし、もう十九歳である。反面「大人の感じ」の印象も受けた。

通信制高校に通っていることは、どこかで、何かにつまずいたのかもしれないと想像するが、それでも勉強を続けていることは褒めてあげたい。

しかし、暴走行為に参加したりして保護観察処分を受けた前歴を持ち、しかもその保護観察中に別の種類の事件を起こしているわけで、ということは、なかなか人に見せない頑固さのようなものを心の中に秘めているのかもしれない。後に分かることだが、私も含めて周囲の者たちに対して、やはり少年は「猫を被っていた」ようである。

ともかく、前回の暴走行為を含めて、事件の経緯をレポートしてもらうことを約束できた。

家裁への不信感

この少年のケースで、私は、いささか家庭裁判所不信になった。

少年のレポートや少年と両親とのやりとりの手紙や、私から少年や両親に宛てた助言の手紙類（第一次分）が、十日以上も書記官室に留め置かれていた。

そのことがなぜ分かったか。面談申込みのために電話したところ、調査官がおかしなことを言った内容で、調査官はその後に送付した第二次分の書類に目を通しているが、なんと第一次分の書類は未だ読んでいないことが分かったからである。第一次分から通し番号まで付けていたのにである。調査官は、私の指摘を受けて慌てた様子だった。

もう一つある。大阪少年鑑別所以外の鑑別所に行くには、私の事務所のある岸和田からだと距離的に遠く、半日か時に一日仕事になることもある。一方で、調査官のいる家裁は、少年鑑別所とそれほど遠くはない距離にある。にもかかわらず、このケース、接見の度に少年に尋ねるが、「まだ調査官は、来ていません」と言う。最後に少年に確認した日は、実に審判の七日前であったが、同じ答えだった。これには少々あきれた。

調査官の筋書きは、すでに読めていた。それは「少年院しかないでしょう」だ。しかし、私はあきらずに少年と両親に対する働きかけに、いっそう力を注いだ。

「親が変われ」と言われるが

少年事件に取り組んで来て、「親自身が変わらなければならない」ことは、まさにそのとおりで、真理であろうと思う。時には必要不可欠な場合もある。

親子間のこじれは、通常あるいは常に、親があるがままの我が子を受け入れることができないからといっても良いだろう。たとえば子どもへの過剰な期待感から、我が子の能力以上のものを求め過ぎて、子どもがそのストレスから解放されたい一心から、非行や自傷他害行動に傾斜していくということがある。

これらは、まさに個別かつ具体的ケースであるから、その親子関係のこじれを少しでも解消するための有意義なカウンセリングは、当然、個別的で具体的な助言であったり、手法でなくてはならないと思う。

そうした助言や有意義な手法が、そう簡単に見からないところがカウンセリングの難しさだろうと思うが、要は、親子関係の過去と現在を相当に踏み込んで掘り下げて見ていかないと、答えは見つからないように思う。

「先生、私は、どうすれば変われるんでしょうか」と、私に答えを求められることがあり、親の悩みも深い。

また、中途半端なカウンセリングで、親の悩みが一層深くなるケースに出会うこともある。息子さんや娘さんの非行問題に直面し、何をどうして良いのか分からず、堂々めぐりを繰り返す親御さんは少なくない。なかなか適切な助言をしてもらえる機会が乏しいようである。

私たちが所属する大阪弁護士会では、もう三十年以上前から「子どもの人権一一〇番」と銘打った電話相談を、毎週水曜日の午後三時から五時まで実施している。月一回の夜間電話相談、「子どもの日特別相談会」と銘打った電話相談会もある。後日、直接事務所に来てもらって面談での相談に引き継ぐことも可能である。こうして、子ども自身からの電話や、親御さんからの悩みの相談に対応してきた。

実際に、子どもが警察に逮捕されたりして事件の依頼を受ける時、親御さんに、「これまで、お子さんについてどこかに相談に行かれたことはありますか」と聞くと、「もう、何度か行きました」と言われることもある。

「それで、どうでしたか」と聞くのだが、相談やカウンセリングを「受けて良かったです」という言葉が返ってきたことは意外と少ない。長年、疑問に思ってきた点である。カウンセラーや相談員の方から、「親が変わらなければならない」という助言をもらうが、「どうやれば、私自身が変われるのか」、具体的な答えはいただけないと言う。

読書を通しての交流

私はカウンセラーではないが、出会った少年はもちろんのこと、両親に対する働きかけを行うことも、弁護士付添人としての活動であると思っている。

私が依頼者に対して、いったいどのような働きかけを行うか、あらかじめ答えのあることではない。少年本人や家族などに会ってみて、この少年には何が必要か、この少年の親御さんに対してはどのような働きかけが功を奏するか、意味があるか、心に届くか、「なるほど」と思ってもらえるか、まさに毎回手さぐりである。

時々、私は親御さんに対して、読書のすすめをすることがある。事務所にストックしてある数十冊の本の中から、その人に適当と思う本を選んで親御さんに渡し、感想を交換し合うこともある。こうした交流を通して、子どもを理解することや接し方について何かヒントをつかんでくださったら良いと思っている。

今回の少年の母親は、我が子が幼児期から幼稚園、小学校、中学校へと進む中、どんどん変化する我が子を受け入れられず、母子の葛藤が絶えなかったと言った。少年の方は心身が成長発達し、思春期の悩みを抱え込みながら、両親にも誰にもその悩みを打ち明けることができず、学業に倦怠感を覚え、そして挫折して行ったようである。

こうした息子の状態は、『おとなしくして、学校の勉強ができればそれで良し』としてきた大人の問題点を、反面、浮き彫りにした感がある。

両親との話し合いや少年との面談やレポートを通して、問題の核心が、ぼんやりながら見えてきたように思う。

十九歳にもなっている息子の財布の中まで覗き見する母親。そして、そうした行き過ぎた母親の行動を、どこか冷めた目で見ていて傍観者としての態度を、少しも出ない父親は、みずから問題に体当たりすることなく、流されてしまってきた。気がつくと、家庭内暴力にまで事態は発展していた。こうした息子の態度にうろたえ有効な手だては何も打てずに、藁にもすがる気持ちでカウンセリングを受けるが、どこか禅問答のような会話の繰り返しで、ますます、混迷の度を深めるばかりであった。

両親は、私から薦められた本を読み、感想を語る中で今まで自分らに欠けていたことに気付き始めたようであった。その気持ちや気づいた点を少年に対する手紙にしてもらった。それを読んだ少年に今度は両親に宛てて、自分の気持ちだったり、これまで言えなかった心の奥底の気持ちを言葉にして書いてもらう。

少年と両親の間での手紙のやりとりの回数も増えた。特に、「今度は、保護観察では済まないかもしれない」という危機感も伝わって、手紙のやりとりに必死さが伝わってくる。親子間のわだかまりが、着実に融和し溶解していく姿が見えてきた。

少年の「十三の誓い」

過剰な期待を少年や家族に持たせてはいけないことは百も承知だが、私は初めての接見の時に、審判結果を予測することはよくある。この少年も同様で、後に余程の余罪でも出てこない限り、「再度の保護観察」との予測を立ててみた。

しかし、調査官からの働きかけが期待できないケースだと判断した私は、「悪役を演ずる」ことに徹した。つまり、少年に対して、「通常大人の場合には、もう一度保護観察（刑の執行猶予）にしてもらえるケースは難しい。それは少年でも同じであり、一度許してもらったのにそのチャンスを生かせなかった点では成人でも少年でも区別はない。そう思わないか」というふうに相当厳しく接することにしたわけである。

こうした私の態度に不安を覚えた少年は、二つの行動に出た。

一つ目は、調査官に対して、「鑑別所まで会いに来てほしい」と手紙を出したのだ。「弁護士の先生は、なぜか僕に対して冷たい」と感じ、「調査官はどう思っているのか」さぐりを入れようとしたのであろう。

二つ目は、「十三の誓い」と題する書面を書いたことだ。「大麻は、今後絶対しません」、「両親のいうことを聞いて従います」など、実に十三個もの誓いを立てたのである。

その誓いの書面を見た私は、

「こんなにたくさんの誓いを立てたって、全部は言えんやろ。審判官から誓いの書面を見ないで全部言いなさいと言われたら、言えるか。せめて半分くらいに絞ったらどうや」だが、少年は私の助言には乗って来なかった。その態度に、少年の必死さが伝わってきたような感じがした。

審判廷でも私は少年に対して、少々厳しい言い方で質問をした。そして迎えた審判結果は、意外にも「再度の保護観察」だった。

「調査官は、少年院だと決めてかかっている」と、「決めてかかっていた」私としては、予測が外れた。調査官も同じ意見だったからである。罪種が異なるとはいえ再犯である。しかも前回は暴走行為という「多勢に無勢」的な犯行であるだけに周囲の者たちに流された傾向があった。しかし、今回は単独の麻薬事件だけに犯罪性非行性の深度の見極めが不可欠である。同時に、再非行を予防できなかった両親の指導力不足も問題にされてしかるべきである。

こうした条件の中で、特に両親の気付きや指導力のアップなどを、裁判所はじっくり観察していたのであろうかと推測する。

それにしても、少年鑑別所から少年自身が調査官に宛てた手紙が来てから、ようやく重たい腰を上げて少年に面会に行くというのは、やはりいかがなものかと思う。

少年はもはや子どもではなく

審判を終えて、審判廷から出てきた少年がトイレに行きかけた。それを見た母親は、少年に向かって言った。

「先生にご挨拶するのが先でしょうが」

私は「お母さん、そんなことは問題じゃない。問題は、そうした小言がついつい口を突いて出てくるお母さんの方ですよ」

少年は、それを聞くやすぐさまトイレに走って行った。

「お父さん、お母さん、また何かあったら手紙でもください」

予期して言った言葉ではなかったが、この事件をすっかり忘れかけていたちょうど一か月後、お母さんから長文の手紙がきた。あまり良い予感はしないまま開封したところ、やはり、母親の嘆き節であった。

「先生、この間、また息子と喧嘩しました。その時、息子がこう言ったのです。あの十三の誓いはなぁ、鑑別所を出たい一心で書いたんじゃ、ボケ」

「親に向って、何というひどい言い方でしょうか。私らが、どれだけ一生懸命に考えて、先生にもお願いして助けてやったのに。本当にもう、許せない気持ちです。どうしたら良いでしょうか」と。

「お母さんね、もういい加減放っておきましょうよ。彼は、もう子どもではありませんよ。それくらいのことは、あの十三個の誓いを書面に書いた時点で分かっていましたよ。必死の思いで、思い付く限りのことを書いたんです。そうすれば、皆が自分の真剣さを理解してくれるものと、大人の先を読んだのですよ」と私。

そう、彼はもはや子どもではなく、両親は言うに及ばず、弁護士も調査官もそして審判官も、出し抜いたのである。言いようによっては、少年の方が「一枚上手」だったかも知れない。

しかし、たとえ大人を騙したって、少年が再度の保護観察処分を受け入れることにより自らの更生のきっかけになるのならば、これに越したことはないことは確かである。

深刻な背景に寄り添う

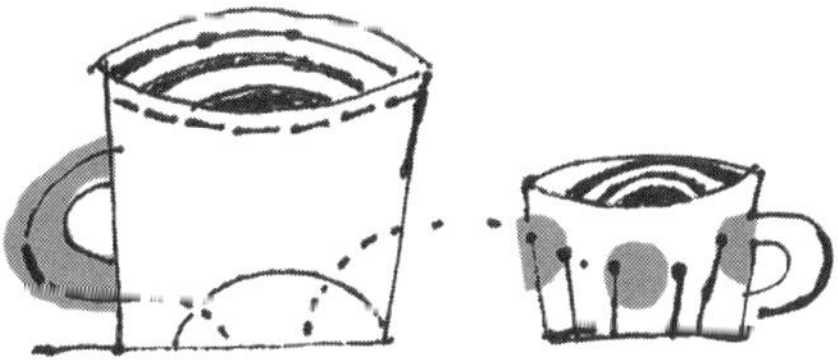

◆第10話◆

十五歳から抜け出せない万引き常習犯

執行猶予中の再犯

その事件を私が引き受けた時は少年事件ではなかったが、私としては「少年事件」もしくは「その延長線上の事件」と受け止めていた。

その二十代前半の依頼者は、中学時代からの万引き常習犯であった。万引きは、十五歳のころから続けているというから、もちろん常習犯である。なぜか、この女性は十代で足ぶみしているのではないだろうかと感じさせられる場面があった。

すでに一度少年院も経験済みで、依頼があった時は成人後の別の事件で三年間の執行猶予判決を受けていた。ということは「執行猶予中の身」であった。

判決後二年間は、なんとか無事に過ごしてきたのに、あと一年を残した時点での再犯であった。そして再び万引き行為。被害店舗は隣合わせに並ぶ二店で、被害額は二店合わせてもわずか六千円程度。

このケース、通常のコースをたどれば今回の事件で実刑判決になり、同時に執行猶予判決は取り消されて、執行猶予の言い渡しのあった罪の刑期と合わせての服役となる（俗に「弁当持ち」と言う）。それだけに、そのショックは非常に大きいものであろう。

ここでは、被害金額の多寡が問題ではなく、せっかくもらった執行猶予判決だったにもかかわらず、そして二度と再犯しないと誓ったにもかかわらず、約束に反して罪を犯したそのことが許されないことなのである。

こうなると、もはや道は閉ざされる。まず通常九十九％、再度の執行猶予判決をもらえることはない。本当に、よほどの、よほどの事情でもない限りである。そもそも、再度の執行猶予が可能であるのは、二度目に言い渡された懲役刑の刑期が一年を上回らないことが必須の要件であり、仮に一年を一日でも上回ってしまえば法律上認められない仕組みなのである（刑法二五条）。

深刻な常習性

事件の依頼の筋も変わっていた。当番弁護士でもない私に、なぜ、どこから白羽の矢が立ったのかというと、節分恵であるお寺にいた時、そこにとある警察署から連絡が入ってきた。

「先生に接見に来てほしいと希望する留置人がいますが、本日中に来られますか」いきなりの質問で、聞けば、若い女性だという。何とか時間の都合をつけて、夕方接見することができた。

その警察署の接見室は狭く、薄暗いことは前から知っていた。その接見室に現れた女性の姿に少々驚いた。背が高いのに比べると、何とも痩せており、むしろ痩せ過ぎの感がある。気になる。

それにしてもなぜ私を指名したのかと聞くと、どうやら、警察署には弁護士名簿が備えてあるような話で、その中で、「ここ（警察署）に一番近そうな場所にある事務所の弁護士」を選んだという。近いから、すぐに来てくれるだろうと読んだらしい。

さっそく本題に入ろうとすると、慌てた口調で私の発言を制して、「とにかく、一度ここを出たい。今執行猶予中の身なので、今度は実刑を覚悟している。二つの刑期を合わせて服役することになるので、どうしても身の回りを整理しておきたい。だから、保釈の手続をしてほしい。お金は母親が出してくれる」と切羽詰まった言い方である。

私は彼女にはっきり言って聞かせた。「君の場合、裁判所は保釈を認めない。なぜかというと、君は万引きの常習犯だから。それだけで保釈は不許可になるばかりか、執行猶予中ともなれば、さらに逃亡のおそれという不許可条件も追加されるだろう」と。

これにはさすがにがっかりした様子だった。

そういうことであれば、私にはもう用がないのかと思いきや、せっかくの接見なのでいろいろ話を聞かせてほしいと言う。約一時間、話をするうちに、私自身「この子をなんとかしてやれないものか」と思い始めていた。そう思うようになった理由は二つある。

一つは、前の事件を担当した国選弁護人から、「初犯ですから、執行猶予になりますよ。

実刑にはなりませんから」と、「いとも軽く言われた」らしいこと。

　十五歳のころから抜け切れず、常習的万引き行為に悩む事件が深刻でないはずがないというのが私の受け止め方である。私なら、初犯であっても両親に対して「お父さん、お母さん、今のうちにしっかりした対策を立てないとあの子きっと再犯しますよ。一緒に真剣に考えましょう」と言ったに違いない。娘が、中学のころから万引きの常習犯であることは、両親はとっくに知っているのだから。

　二つ目は、本人の日常行動が相当に深刻そうであること。たとえば「一日中手を洗う」とか、「一日に一個石鹸を使うことがある」とか、「食べては吐くを繰り返す」とかである。本人は、精神的に相当病んでいるのかもしれないと想像した。

　これはなんとかしてあげねば、本人も浮かばれないなぁと思った。こうした私の気持ちが通じたのか、半分あきらめ顔ながらも「先生の言うことを信じてみます」と、この子の気持ちに多少の変化が見え始めた。

　こうして、猶予中の再犯事件を受任することとなって、以後約八か月間に及ぶ弁護活動が始まった。せいぜい五か月程度だろうかと予想していたが、結果的に長期間となった。本人には、「地裁があり、高裁もあるだろうから、相当長期間の裁判になるが、耐えられるか」と聞いてみた。本人も覚悟している様子であった。

ともかく、まずは被害弁償である。それにしても、一件目が四千円、二件目は僅かに二千円である。合計でもたかだか六千円である。これで実刑になってしまうのは余りにもかわいそうな気がする。被害店舗はどちらもチェーン店で有名である。一方は日用雑貨、もう一方は衣類の量販店である。

母親を伴って日用雑貨店に謝罪に行き、本人の実情を包み隠さず伝えた。すると大いに同情してくれた上に、最終的には本部の責任者が嘆願書まで書いてくださった。心が通じた思いで、私も嬉しくなった。

逆に、衣料品店の方はというと、けんもほろろで、親御さんはもちろん私にすら会ってもらえなかった。露骨に言われた。

「弁護士さんも、来てもらわなくて結構です」

こうした衣料品の小物の万引きは日常的にあるのだろう、加害者側となどいちいち相手にしておれないようで、マニュアルどおり対処している感じであった。結局被害弁償もできなかった。

贖罪寄附

そこで、母親と話をして贖罪寄附をすることにした。贖罪寄付というのは、特に麻薬事件などを犯した場合には被害者がいないため、二度と罪を犯さない意思を表に出して罪の償いを行動に移すものとして、身銭を切って寄付をする制度である。本人も親も初めての経験で、「そんなことして裁判の役に立ちますか」と懐疑的だが、「できることは何でもしましょう」と説得した。

次に、肝心なことは、本人の自己分析レポートである。「なぜ、こんなに長い間万引き行為から抜け出せなかったのか、どのような精神状態の時に万引きをしてしまうのか」を、じっくり考えてもらった。本人のレポートを要約すると、以下のようである。

「友達は皆、ちゃんとした仕事に就いているし、もう結婚して子どもを産んだ子もいる。家では、妹は私よりよほどしっかりしていて、今大学に通っている。それに引き換え、私はまともな仕事にも就けずアルバイトしかできていない。自分の将来のことを思うと、とても不安になってきて仕方ない。こうして次第に思い詰めてくると、だんだんと過食嘔吐・拒食・手洗いを繰り返すようになる。そして、フラフラと出掛けた際に偶然入った店で気がついたら万引きをしている。お金は持っているし、その商品がどうしても欲しいわけではない」

このレポートを読んで、私なりに分析してみた。

「この子は自我水準が高くて、理想として描く自分と、現実の自分との間のギャップが大き過ぎ、その穴埋めができない気持ちの焦りから自分を見失うのではないか」

悩んでいる状態の自分自身を落ち着いて見つめ直す方法として、私にすすめられ初めてレポートを書いたことで、多少、気持ちの整理ができたようにも見受けられた。

接見を重ねるうちに、次第に信頼関係もできてきた。私は頃合いを見て、「万に一つの、再度の執行猶予に賭けてみるかい」と聞くと、「お願いします。私も頑張ります」と言う。

弁護活動は本人に目標を持たせること

いったい、何を、どう頑張るのか。あるいは、頑張らせたらいいのだろうか。

将来はどんな仕事をしたいのかと聞くと、「栄養士になりたい」と言う。答えがはっきりしていたことに少し驚いた。その理由を聞くと、「病身の母親に栄養価を考えた調理をしてあげたいから」と言う。動機が「栄養士の資格を取って、きちんとした仕事に就きたい」ということでもなく、母親への気遣いだったことは意外だったが、人生の目標を口にするようになったことは大いに素晴らしいことだ。

そうなると、善は急げである。母親に頼んで料理の本を何冊か差し入れしてもらった。そして、来たるべき栄養士の試験日を想定しながら、様々な料理のレシピをノート化することを課題とした。第一回公判期日を迎える日までに、すでに分厚いレシピノートが二冊完成していた。当然、これも証拠として裁判所に提出した。彼女が留置場や拘置所での時間を有効に使い、かつ目標に向けて具体的な努力をしていることが、手に取るように分かる。

もう一つは、今後精神科にお世話になることは間違いないケースと考えられるので、知り合いの精神科の女医さんに、今のうちから拘置所で接見してもらえないかを打診してみた。

残念ながら、多くの患者さんを診ている多忙な先生のこと、それは実現しなかったものの、母親が「娘が出所しましたら弁護士の先生に紹介して頂いた女医さんのところに、私がすぐに連れてまいります」と情状証人として証言してくれた。通り一遍の『母親として監督します」ではなく、証言に説得力が加わった。

求刑と判決と罰金刑

検察官の求刑は二年であった。ある程度覚悟をしていたことではあるが、がっかりした。求刑が二年となれば、実刑判決は一年六か月を下回らないであろう。そうなると、その時点で再度の執行猶予は、吹っ飛んでしまうからだ。

ところが、驚いたことに判決は一年だった。言うまでもなく実刑判決であるが、とにかく我が耳を疑った。つい「嘘だろう」と呟いた。主刑が一年ということは一縷《る》の望みが出てきたのである。

しかしそうなると、今度は検事控訴が気になる。判決が求刑の半分では、俗に言う検事(検察庁)の面子《めんつ》が潰されたわけである。控訴期間の二週間は、実にハラハラドキドキであった。

この事件の最中、「偶然は起こり得ること」を体験した。

奇しくも国会では、「窃盗罪に罰金刑が法定されていないことの法的不備」が議論されていたのである。もし、この被告人の初犯、つまりは前の判決の時に、法定刑の一つとして罰金刑が法定され施行されていたならば、彼女は罰金刑になっていた公算が高いであろう。そうだとすれば、今回の事件でこそ執行猶予になっていたであろうと推理した。

そこで、私は、その点に関する新聞報道の記事と合わせて、さらに裁判所に理解を深めてもらおうと思い、国会の議事録を取り寄せ、これも証拠として提出した。そして、判決当日に、その法案が衆議院を通過したのもまた奇遇である。こうした一連のことがらが、この事件の一審判決について検事控訴がなされなかったことと無縁ではないだろうと思った。

運命の高裁判決

すでに被告人としては控訴していたが、高裁では何を弁護方針とするか。一審でやるべきことはやり尽くしていたからである。そこで私はさらに贖罪寄附を追加した。新たな法律で罰金刑の上限が五十万円と決まったので、その上限の金額に合わせることにした。再び「そんなことが本当に役に立つのか」「みすみすお金を捨てることにならないか」と、家族からもっともな質問を受けた。

しかし、ここでも「藁をもすがるような時は、できることは何でもするのが鉄則です」と、再度家族を説得した。

に運命の高裁判決の日を迎えた。

法廷に入ると傍聴席は高校生で満席であった。法廷傍聴である。裁判官三人が入廷し、シーンと静まり返った中で判決の言い渡しが始まった。正直言って、聞きたくない気分を押し隠しつつ裁判長の方を真っすぐに見据えて、言葉を待った。

結果は、もう一度、我が耳を疑う「再度の執行猶予判決」であった。

前にも述べたように、逮捕からすでに八か月が経過していた。晴れて釈放された女の子と母親の二人を連れて、判決の二日後クリニックを訪れた。そして、女医先生に引き継いだ。これから先は、ドクターの出番である。すでに事情を知ってもらっている。

「気長に、気長に、通ってもらいます」と言われたドクターの言葉が印象深かった。

改めて、この親子関係を振り返ってみた。固い職業に就いている父親であるが、はじめの頃は母親と一緒になって娘の更生に関わっていたらしい。しかし、万引きを繰り返す我が娘を、そのうちに許せなくなり、ついに父子間の断絶に行き着いてしまった。一度だけ挨拶に来られた父親であったが、裁判所には一度も来なかった。父子間の埋めがたい溝が、いっそう娘の更生を阻んできたかもしれない。父娘の関係の難しさを改めて噛みしめさせられた事件であった。

万引きが一種の「病気である」との認識にたどりついていたならば、もっと早い少年時代に精神科医院に通ったであろうにと悔やまれてならない。ましてや、弁護人の「初犯だから、執行猶予ですよ」という姿勢の活動は、被告人の実情を見ない軽率発言に思えてならない。

出会った当初、とても痩せ細っていた娘さんであったが、いまごろはすっかり更生して栄養士の資格を取り、地道にしっかりと毎日を過ごしているに違いないと思う。一人の万引常習者の立ち直りの力になれた思い出深い事件であった。

◆第11話◆

少年との楽しすぎる会話

事件は虞犯行為

これほど長い試験観察事件は、後にも先にも経験がない。約一年三か月間という長期間であった。

少年は、当初特別支援学校に通う高校二年生だった。家族は、お父さんとお母さんと弟の四人暮らし。

事件は虞犯《ぐはん》だった。虞犯とは、「その性格又は環境に照して、将来、罪を犯し、又は刑罰法令に触れる行為をする虞《おそれ》のある少年」という少年事件特有の分類（少年法第三条）である。この少年は前回も同様のことがあり、またしても父親が警察に通報して「事件」になった。しかし少年に言わせるとまるで逆で、「父親から警察に突き出されて事件にされた」となる。

初回事件の「虞犯」では何をしたか。少年は、当時母親との間でも一つのトラブルを抱えていた。それがこうじてついに少年の堪忍袋の緒が切れて爆発し、母親が焼いていた熱々のピザを、皿ごと母親の顔面に投げつけのだ。幸い、たいした怪我にはならなかった。

こうなると、今度は父親も堪忍袋の緒が切れてしまい、少年を突き飛ばしてしまった。この父親の行為に少年は、「お前は、関係ないやないか」と猛抗議しながら、突然台所から包丁を持ち出して来た。これでは手がつけられないと判断した父親が、母親に命じた。

「早よ、警察呼べ」

父親は、少年ともみ合った際、少しではあるが手を切った。

この初回事件の時は、息子を少年院に入れるのは忍びないと思った両親が、改めて少年をしっかり指導をするとの条件で不処分となった。しかし、少年と父親が互いに抱え込んでいる、母親とは別の根源的な問題の解決は、むしろ先送りとなった。

二回目の事件は、すぐ起こった。

少年がとても気に入って履いていた靴下が、洗濯物の中から見つからないと言い張るのである。

「よく、探してごらんよ。私は知らないよ、触っていないんだから」と母親。

少年はというと、「いや、あんたが最後に洗濯物を取り入れて片づけたんやから、あんたが知らないはずがない。どこにしまったんや、あんたの責任や」と言ってきかない。

なんと、その押し問答はもう一週間以上続いているという。

要するに、少年は一つのことに猛烈にこだわるタイプなのである。実は、父親も同じであった。ここのところが、家族内の衝突という問題の解決を困難にしてきたようである。

そして、何かがあると互いにののしり合うのであった。

父親いわく、「お前は、病気や」。少年いわく、「あんたこそ、病気や」。

今回の虞犯行為とは、少年と母親の間で延々と続けられているこの押し問答に、ついに業を煮やした父親が、少年に向かって、「お前、いい加減にせんか」と一喝したことがきっかけになり、再び少年に「スイッチが入った」ようである。

今回父親は手はあげなかったが、少年は父親に向って言い放つ。

「あんたは、関係ないやないか」と。

自分と母親との間のいざこざに、父親が絡んでくることに関して少年は押さえきれない怒りが沸いてくるようである。その象徴的な言葉。

「父親が、二人の間に参戦してくる」

私は、この「参戦」の言葉づかいにちょっと吹き出しそうになったが、本人にしてみれば、耐えがたいことのようだ。

そして、再び「参戦」してきた父親の頭を、少年は今度はテレビのリモコンで一撃した。

これに逆上した父親は、またしても「早よ、警察呼べ」と母親に命じた。

そして、少年は、再び父親から警察に突き出されてしまい、少年鑑別所送りとなった。

これが二度目である。

私に事件の割り当てが来たのは、まったくの偶然である。「少年の父親に対する暴力行為が二度目だ」としか情報のない中、早速、少年鑑別所に接見に出向いたが、まさかその少年と、以後一年半近くも付き合うことになろうとは夢にも思わなかった。

しかも、それはかりか、私の少年事件の事件簿の中ではとても珍しい部類の事件となった。「少年との楽しすぎる会話事件」として、生涯の思い出を作ってくれた少年であった。

笑い過ぎの私

私は、どんな事件でも、最低週に一回は鑑別所に接見に行くようにしている。言い方を変えると、一週間の間隔を置くことにしている。少年と次回の接見までに書いておいてほしいレポートのテーマを相談して決めるからである。こうすることにより、少年に考える時間とレポートを書く時間的余裕を作るのである。

この少年の場合、少年と父親との間で板挟み状態に陥っている母親のことについて普段どのように思い、感じているのか、またどうして父親と衝突してしまうのか等々、家族関係・家族の三角関係・トライアングルの絡み合いについて、掘り下げて考えをまとめてもらうことに重点を置いた。

接見でのやりとりを繰り返している中で、少年が私に対してこんなことを言った。

「あなたはどうしてそんなに笑うんですか。何が、そんなにおかしいんですか」

一瞬、私は少年に抗議されたのかと思ったが、そうではなさそうなので質問に正直に応じた。

「いやぁ、僕はね、君とこうして話をしているととても楽しい気持ちになってくる。だから、ついつい笑えてくる。決して君のことを馬鹿にしているわけではないよ。君と会ってこうして話をしていると、ついつい時間を忘れてしまう。接見に来るのが楽しみなんだよ」と。

少年は一瞬、少しばかり解せない雰囲気の顔つきを見せたが、やがて私が真顔で正面から応じたことに納得顔になった。実際そうだった。

別の機会、私は何かの拍子に、家族旅行で思い出すことはあるかと聞いたことがある。すると、和歌山の海に海水浴に家族で出かけたものの、大雨になってしまって、海水浴どころではなくなり、仕方なく近くの海の家で「きつねうどん」を食べたということを実に詳しく話してくれた。

小学校四年生の夏だったというが、その日その時の経緯の説明が、まことに微に入り細に入りで、まるで昨日のことかと思わせるほどに正確に再現する。その抜群の記憶力に、あっけに取られた。私はまたしても笑ってしまった。

誰でもそうだと思うが、いきなり、「君は、なぜお父さんを殴ったりしたのか」と、どこか上から目線で聞いても、すぐに本心を語る気にはならないだろう。少年も、このおっちゃん弁護士は、本当に自分の気持ちを理解してくれているだろうか、本気で自分に向き合ってくれているだろうかと、こちらを品定めしているのを感じた。

どうすれば少年に信頼してもらえるか。どう話をすれば、少年の方から進んで本音を語ってくれるようになるか。いつもぶつかる問題である。

私なりに心がけている点は、野球にたとえて言えば、「直球を投げないこと」ではないかと思っている。誰でも、痛いところに直球で差し込まれると、つらい気持ちを呼び起こしてしまい、この人とは距離を置こうと思うようになるだろう。今まさにうずいている傷口に、まるで塩を擦り込むようなことになりかねないからである。

そうではなく、一種の「変化球を多用すること」ではないかと思っている。つまり、いろいろな角度から、少年が顔を上げて自分から積極的に話をしてくれるようになるまで、少し気長に待って見る。話も、事件とは関係のない趣味の話だとか、好きな本だとか、好きな音楽だとか、何でも良い、世間話などをしたりもする。

もし、少年が音楽に興味があるといえば、「実は僕の息子はトランペットをやっているが、興味はあるかい」とか言って話を盛り上げたりする。実際に愚息はバンドをやっているので、「今度ユーチューブ動画で見てみて」と言うと、少年の目が、少し生き生きしてくる時がある。

そうしたいろいろな会話を通して、次第に少年がこちらの話に乗って来てくれるようになると、少年も次第に本音で話をするようになってくれる。こうした会話の積み重ねを通じて、折を見て、少しずつ核心に触れる質問をするようにする。どこか、期が熟すのを待つかのような感じである。核心とは、どうしてこのような事件をやったのか、という犯行動機などであるが、どういう心理状態の時にやるのか、実行するときには何を思っていたのか、被害者のことは思わなかったのか、たとえば被害者はきっと困るんじゃないだろうかとか、想像できなかったかといったテーマである。

少年たちは、少年鑑別所の中では常に「少年院行きになるかもしれない」という大きな不安を抱えている。だから、一時だけ笑って過ごせるだけの気休めの話をするのではない。逆である。少年に私は何がしてあげられるか、どうすれば有意義な付添人の活動になるか、少年と何を語り合えば少年がみずからの心の内に向き合うようになってくれるか、これを探るのである。

驚きの発言

何度目かの接見の時だった。少年が突然、真顔で驚くような言葉を発した。

「あなたのような人が、私の父親だったら良かった」

びっくりした。衝撃的とでもいうような言葉であったが、嬉しかった。私のようなおっちゃん弁護士と、たかが十六歳の高校二年生との間で、「心が通じ合えたことを確信できた瞬間」であった。その時私は、何とかしてこの少年を「試験観察」にこぎ着けて、しばらくの間、面倒を見ようと決めた。

最初、事件記録（家庭裁判所に身柄と共に送付される記録のこと。「法律記録」と呼ぶ）を見た時、私は、「あれ？」と思った点がある。それは、テレビのリモコンで父親を殴った時のこと。これは明らかに「手加減したにちがいない」と読んだ。

早速、そのことを本人に確かめてみた。すると、少年は「確かに、そうでした」と言う。つまり、母親と自分の戦いに「参戦」してくる門外漢の父親に対して、相当激しく激昂しているはずなのに、その時取った咄嗟の行動でも、少年は冷静であった。しかも、今度は包丁を持ち出したりせず、また、父親を殴ったのも、一発だけにとどめていた。

この子は、いたって冷静なんだなぁと、またまた驚き感心した。


また、こんな場面にも遭遇した。

次第に審判日も近づいてきたある日のこと。少年のこれからの身の処し方、具体的には、母親や父親との関係などを、自分なりにどのようにしていくか、またしていくべきかを話し合っていた。私はこんな話をした。

「君は非常に真面目すぎて、何でもかんでも真っすぐに受け止めないことには気が済まないタイプのように見える。しかし、それでは世の中を渡る上では難しい場面が多すぎると思う。何もかも、全部受け止めるのではなくて、暖簾に腕押し、柳に風のたとえがあるように、ある程度サラリ、サラリとかわして、やり過ごしていくことも大事。自分にとって、たいして大事でもないことは、やり過ごす気持ちを持つことだよ。たとえば、例の靴下事件の一件も同じ。どうしても見つからないのであれば、他人のせいなんかにせずに、同じ靴下を買えば済むことだよ。そうすれば、お母さんを責め続けるようなこともないし、お父さんとも衝突しないで済むじゃないか」と。

この私の言葉を、すかさず引き取った少年が言った。

「それって、鈍感力ですね」

私の三度目の驚きであった。

「そうだよ、そのとおりだよ、鈍感力だよ、君に欠けているのは」

二人で膝を叩いて納得し合い、笑い合った一幕であった。

一年三か月の試験観察を終えて

予想したとおり調査官は少年院送致の意見で、最後までそれは崩さなかった。しかし、私は試験観察を確信していた。少年と心が通じ合っていたし、両親とも話は深まっていたからである。とはいえ、調査官の姿勢が固い時は、審判の言い渡しがされるまで、いつも内心はハラハラドキドキ状態である。

審判結果は在宅試験観察であった。こうして一年三か月間に及ぶ試験観察が始まった。これだけの長期間になったということは、もちろん、少年がまだまだ綱渡り的な状況であったことも確かだからである。何かことが起きたり、起きそうになると両親や学校から私は呼び出され、そのつど出向いた。

実際、学校での友人とのトラブルや家庭内でのいざこざは絶えなかった。しかし少年は、そのつど「鈍感力」を発揮できるように成長して、さしたる大きな問題を起こすようなこともなく、長い長い試験観察が終わった。

それにしても少年院送致を選択しなかった審判官の眼力も、称賛に値すると思う。

長期間の試験観察になると、調査官も大変である。我々付添人も同様である。それぞれが役割分担をしながら、その少年に応じた作戦を立てるわけだが、試験観察期間が終わっての最終審判まで事件は終わらないのである。しかし、そうした有形無形の労力より、一人の少年の更生にかかわれたことの喜びの方がはるかに大きい。大多数の少年は、非行から立ち直れるものである。

◆第12話◆

わずか十五歳で知ったドヤ街生活

施設で育った少年

上を見たらきりがなく、下を見てもきりがないのは、どんなことでもこの世の中の常だということは分かっているつもりでいた。

しかし、実際にこの少年を目の前にした時、世の中の不公平を嘆かずにはいられなかった。今の世に、いや、今の世だからこそかもしれない、こんな不幸な人生を歩んできた、わずか十五歳の少年のことを思うと、胸が痛んでならなかった。

その少年は、生まれながらにして両親を知らない。片親すら知らないままにもの心がつく前から施設で育った。どのような経過で施設にたどり着いたのかは、法律記録にも社会記録にも記載がなかった。しかも少しばかり発達障害（知的遅れ）を抱えていたことが、少年の不幸を増幅させた。

施設から通う小学校では、早速イジメにあう。同級生から、「施設の子や」とか「知恵遅れ」とか、多少動作が鈍いことをからかわれるのである。大人も子どももたいして変わりはない。人間という動物は、社会的関係の中で生きているだけに、自分より下位の者とか弱い者をいじめて快感を覚えるようである。自制心の未熟な、発達途上の子どもは、もっと残酷さを見せたりする。

少年は、中学に通うが、ここでも酷いイジメにあった。しかし、この少年は少しのんびりした性格だったことが幸いしたのか、イジメにあってもあまり深刻にならずにやり過ごすことができたようである。いい意味での「鈍感力」を持ち合わせていたのだろう。

仕事先からの搾取

少年は、中学を卒業すると同時に、その施設から出なくてはならない規則であった。なんと、十五歳でこの世の中の荒海に放り出されるのである。

学校から就職先を紹介された。肉体労働であるが、同年齢に近い少年や若者もいたので、一緒に仲良くやっていけるかもしれないと期待した。

ところが、二つの問題が少年にのしかかってきた。

一つは、ここでもイジメにあうことになる。やはり、多少動作がのんびりしているからか、親方や同僚先輩らの指示にテキパキと応じきれないのである。そのため、勢い余って、皆から罵られるようなことになって、いよいよ耐えられなくなった。

二つ目は、親方からもらう給料の低さ。住み込みで三度の食事付きで世話になっているとはいえ、一か月働いて一万円程度のお小遣いしかもらえない。これでは、とてもやっていけないと思い詰め、とうとう二か月もしないうちにその家を飛び出した。

頼れる先といえば、前の中学校の先生である。事情を話して、別の就職先を紹介してもらうことができた。しかし、先生からは、「これが最後やで」と引導を渡された。

次に学校から紹介してもらった仕事先は、大工さん方での住込みの仕事、つまり大工の手伝い。俗に言う「手元」。先輩も三人くらいと少なく、家族的な雰囲気なので、前の職場に比べて少し安心した。しかし、肝心の給料はいくらもらえるのか、少年は心配でならなかった。なにしろ、前が前だっただけに。

大工の手元ではあっても、懸命に働きさえすれば、月給として最低十万円はもらえるに違いないと、自分なりに計算をして期待した。

しかし、ここでも期待は裏切られた。なんと週給一万円である。月にすると四万円程度。少年はふたたびがっかりした。とはいっても、もう行き場もないし、学校に三つ目の就職先を頼むこともできない。「これが最後やで」と申し渡されていたからだ。ここで辛抱するしかないと、自分に言い聞かせながら三か月間耐えた。

ところが、やはりここでもいたたまれなくなってきた。またしてもイジメが始まった。前の職場のような、公然と「うすのろ」呼ばわりされるのと違い、今度はシカトされるようになった。無視され、相手にしてもらえないのである。再び耐えきれなくなった少年は、またしてもその家を飛び出した。後に、少年鑑別所で少年は私に訴えた。

「先生、これって、搾取ではないんですか？」

この搾取の言葉に調査官が注目した。「この子、いったい搾取なんて言葉をどこで覚えたんでしょうか」と、私との面談の際に小首をかしげた。

ドヤ街生活の非道さ

大阪で「西成《にしなり》」といえば、日雇い労働者の街である。「ドヤ街」ともいう。早朝四時、五時に、人夫出しのマイクロバスに日雇い労働者が群がる。その日の仕事にありつけさえすれば、日当は最低一万円は下らないので、一人暮らしなら節約すれば二日か三日はしのげる。

行くあてもなく、少年がたどり着いたのがこの西成のドヤ街だった。初めて来た西成だったが、とにかく仕事をしなくては食べていけない。必死の思いで、とあるマイクロバスに近づいて行って、恐る恐る頼んで見た。

「おっちゃん、仕事ください」

人夫出しのおっちゃんの目にとまった少年。たいして丈夫そうでもない少年を一瞥したが、その必死さが通じたのか、幸運にも、いきなりマイクロバスに乗ることができた。

その日の日当は、確かに一万円だった。これまでの最高が、週六日働いてたったの一万円だったから、少々驚いた。少年は思った、「ここなら、なんとか生活していけるかもしれない」。かといって、毎日仕事にありつけるとは限らず、そこがつらいところではあるが、なんとか頑張ろうと思った。

初めのうちは、気が張っていた。毎日のように、雇ってくれる「おっちゃん」を探した。しかし、ろくに働いたこともない十五歳の少年が、大の大人に混じって、毎日の肉体労働に耐えられる方がおかしい。それでも、週に二日も仕事にありつければ、何とかやって行けた。ドヤ街の宿泊旅館は、素泊まり一晩二千円の低料金である。

法律記録を見ていたとき、おかしなことに気付いた。少年は、毎日のように泊まる旅館を変えていたのである。どうしてこんなに転々と泊まる旅館を変えていたのか、少年に聞いてみた。すると、とんでもない答えが返ってきた。

「生活保護のおっちゃんらに、働いた金をせびられるから」

聞いて私もびっくり仰天した。要するに、毎日同じ旅館に泊まると、少年がその日に仕事にありつけたことを嗅ぎつけて来た男らから、「お前、今日仕事に行ったやろ。ちょっと、晩飯代くれ」とせがまれ、からまれるというのである。せがんでくるおっちゃんらは、実は生活保護を受けており、仕事もせずにいるらしい。

不条理な世の中である。あきれて物も言えない。そればかりか、世の中の一番醜く、腐ったところを見てしまった感じである。知らなかった。西成のドヤ街の裏通りには、我々も知らないような悲しい現実が横たわっていた。

事件は裏ビデオの販売

一か月は、なんとか肉体労働に頑張ってみた。しかし、仕事のきつさから十五歳の肉体が次第についていかなくなってきた。しんどくなって、もっと楽な仕事はないものかと思い始めた。無理からぬことだと、同情する。

どこで学んだのか、誰から教わったのか、少年は、路上でビデオを売ればお金が稼げることを知った。表向きは、普通のビデオだったり、モザイクのかかったHビデオだったりした。

ところが、偶然いわゆる「裏ビデオ」が手に入った。これなら儲かると踏んだ少年は客にそれとなく告げて商売を始めた。しかし、この界隈では、警察のパトロールが頻繁である。パトロールの中心は、覚醒剤などの密売の現場を押さえることであるが、こうした違法ビデオの販売も当然取締の対象になる。店を広げて三日目で逮捕された。通行人の客に例の商品を売った時点で、張り込み中の刑事に御用となったのである。その時の客も事情聴取を受ける。格好悪い話である。

野球帽を目深かに被っている少年に、刑事さんが聞いた。

「君、歳はいくつや」

「二十二です」

「嘘つけ、本当はいくつや」

「十五です」

こうして、少年は「猥褻物頒布等罪」(刑法一七五条)で、家裁送致となった。

笑えない話が少年の調書に書かれてあった。少年に刑事は聞いた。

「僕、これは、いくらで仕入れたんや」

「三百円です」

「それで、いくらで売っていたんや」

「三百円です」

少年課の担当刑事さんも、笑うに笑えないと思ったようである。

「それでは、なんの儲けにもならんやないか」

そんな問答が調書に載っていた。


私は、初めて接見した時、その少年は普通の子に見えた。しかし、それはどこか表面上のことで、この少年の歩んできた十五年間の経歴を知るにつけ、世の中の格差を見せつけられた感じがした。

この子のために、私に何ができるのか悩んだ。我が家に引き取ることはできないが、「なんとかせねば」「なんとかしてやらねば」と私も思い詰めるようになっていた。

そこで、以前懇意にしていた漁船の船長さんに頼んでみることにした。久しぶりの再会に、船長さんも喜んでくれたが、さて本題を切り出すと、途端に顔が曇った。

「家に部屋の空きはある。問題は、家内や子どもらがOKするかどうか。おまけに、毎朝午前四時に起きて漁に出て行く仕事だ。はたして、そんな若い子が、他の船員仲間と統制を取れて、一緒にやれるだろうか。肝心な船員たちにも聞いてみないと分からない。

ちょっと時間がほしい」

当時の私には他に頼る先はなかったので、何とかお願いできないものかと頼み込んだ。

数日後、船長さんから電話があった。

「先生、やっぱり、無理やわ。なにしろ幼な過ぎる。まだ十五歳やろ。なぎの日ばかりやない。船には危険も伴うし、船員連中も皆無理やと言うし。だいいち、家内や子どもらも最終的に無理と言う。申し訳ない」

それもそうや。仕方ない、あきらめよう。

私の反省

少年は、審判で少年院送致となった。

この事件を担当したのは、とても穏やかな雰囲気の女性調査官であった。私がいろいろと苦心惨憺したことは、審判官も調査官も知ってくれていた。審判官に面談した時は、一時、期待を寄せてくれていたが、結局かなわなかった。裁判所の期待にも応えきれなかったわけである。

他方で、裁判所は冷静だったように思う。このまま帰住先（身柄付き補導委託先）すら見つからないのではどうにもならない上に、やはりこの少年の持つ発達障害の程度に関しては、もう少しきちんと検証して、治療や教育が必要かどうか、必要であればどの程度の、そしてどのような内容のプログラムが必要かなどを確かめる必要がある。それが裁判所の判断であった。

なんとか在宅試験観察にならないか、と思っての私の努力も、私の気持ちだけが空回りしていたのかもしれないと反省した。

「自分にも、できることとできないことがある」、そう自分に言い聞かせるしかなかった。せっかく断酒していたのに再開してしまった。忘れがたい少年となった。

少年の未来に関わる付添人

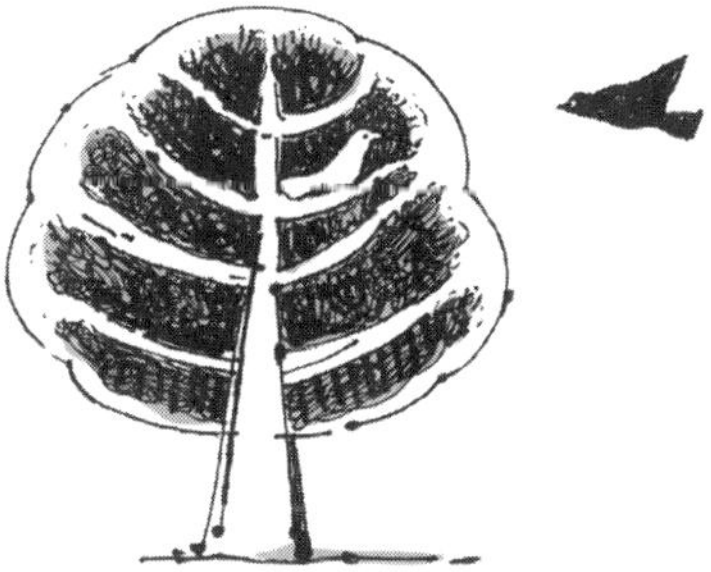

◆第13話◆

夏祭での不幸なできごと

悲劇はいつ襲ってくるか、誰にも分からない

人が、偶然の悲劇に見舞われるのは、神がそうしたとしか思えないような気持ちにさせられることが多々あるように思う。偶然の交通事故しかりであろうし、加害者と加害者のその一瞬の交差点は、誰も予測しようがない。

それが、意図的な犯行ということになれば、被害者は予測できなくても、加害者としては、自ら描いた計画を実行したことになろうから、予期予測という点では片面的であ

る。しかし、仮にそうした場面でも、神は「見て見ぬふりをしている」のであろうか。それがこの世の中なのかもしれないと、不思議に思えてならないことが少なくない。

この事件で被害に遭遇した少年も、また加害少年も、二人の時間が交差するわずか数秒前までは、二人に「犯罪の交点」ができてしまうことなど、お互いに予想もしていなかったはずである。この事件もまた偶然の悲劇と言うほかない。


とある町で夏祭が開催されていた。毎年恒例の行事で、町内の人たちに限らず、相当広範囲のエリアから多数参加していて、毎年賑わいをみせていた。特に、祭の最後には花火が打ち上げられるので、それを楽しみにした親子連れや友人やアベックなどが集まり、夕方近くになると、行き交う人々の肩が触れ合うような状況の混雑になっていた。

被害者側の少年たちは二人。他方、加害者側も二人だった。この双方二人連れの男の子たちが、次第に混雑し始めた夕方、偶然にも向かい合ったまま行き違う状況となった。どうしたことか、「互いに道を譲らなかったこと」が不幸の始まりだった。

双方がゆっくりと近づきながら、どういうわけか、互い違いに割り込んでまるで横一列に並ぶような格好になった。

四人が横に並べば道も狭い。案の定、すれ違いざま少年二人の肩が接触してしまった。すると、接触された一人が、これにカッとなったようで、肩に触れた少年の顔面をいきなり拳骨で一発殴った。彼の性格はもともとカッとなりやすいことに加えて、幼い時から武道の練習に励んでいたので腕力に自信があった。このことも悲劇の引き金となった。ところが、連れの友人をいきなり殴られた加害者の少年は、殴った少年に向き合うと同時に、いきなり、持ってきていたナイフで胸部を刺してしまった。何ということだ、刺された少年は、数メートル先によろけて行ったかと思うとその場にバッタリと倒れ込み、ほとんど即死に近い状態であった。

加害少年は、なぜナイフなどを持ち歩いていたか。「護身用に持っていた」という。たとえ護身用だといっても、どうしてそんな物騒な物を持ち歩く必要があったのか、未だに分からない。

他方で、被害者のご家族の悲しみは一入であった。亡くなったのは一人息子さんで、いずれは家業を継がせる予定にしていたところ、突然この世から消えていなくなったわけだから、両親らの心の空白を埋めようにもどうにもならないことは優に想像できる。

付添人としての活動

加害少年は、頑として殺意を否認し続けた。「殺す気なんて、まったくなかった」という。まったく、偶然に、とっさにとった行動であり、被害者を殺すだとかいった気持ちなどあるはずがないし、刺した瞬間にもそんな気持ちを持ったことなど絶対にないと言い張る。だいいち、「あっちが、先に手を出した」とも言う。

確かに、そう言われればそうである。とっさに取ってしまった行動が、運悪く致命傷となってしまうような身体部位だったのである。しかし、そうした場合には、胸部を刺せば死に至るであろうことは通常予見できることだとして、殺意があったと認定するのが「普通のこと」とくくってしまうのは、このケースの場合、どうなのかと思案した。加害少年が刺したのは一回だけだった。これが、もし二回以上刺したということになれば、まったく話は違ってこよう。

しかし、予想したとおり事件は殺人罪として家裁に送致された。そうなると、逆送、つまり成人事件と同等の取扱いをするべきだと家裁が判断した時は、事件を検察官に送り返すこともある。その場合には、相当長期間の服役（少年の場合には「不定期刑」といって、懲役五年から七年までなどのように刑期に幅を持たせた判決が言い渡される）が見込まれる。そうなると、加害少年の将来は大きく閉ざされてしまいかねない。

殺意を否認するこの事件だけに、少年の将来のために何とか逆送だけは避けねばならないと考えていたが、事件は逆送されることなく、家裁での審判に付せられることになった。少年が逮捕以来一貫して殺意を否定していたことも関係したと思われる。同時に、このケース、人一人の尊い命が失われてはいるが十七歳という年齢なども考慮して、少年の持つ可塑性に鑑みて保護処分が相応しいと家裁は判断したのであろう。

いずれにせよ、付添人として、まずなすべきことは被害弁償である。被害者のご両親には、加害本人及びその母親の直筆の謝罪の手紙を持参して面談した。息子さんが亡くなって、まだそれほど時間が経ったわけでもないのに、ご両親はとても冷静な対応だった。

面談を重ねるうちに、示談にも応じていただけた。人一人の命を金銭で償うわけだから巨額の被害弁償金になる。もちろん、まだ十七歳の少年のことである。被害者遺族は、そうした加害少年側の経済状態にも理解を示してくださり、気の遠くなるような長期間の分割支払にも了解をしていただいた。少年にとっては、ともかく幸運というべきことであった。

少年には、事件に至った経緯はいうに及ばず、とっさの行動だったにせよ、どうしてそのような凶器を使用したのか、なぜそのような凶器を持って歩くようなことをしていたのか、今回の事件から何を学んだか、将来にどのように生かしていくのかなど、掘り下げてレポートを書いてもらった。彼は素直に応じてくれ、自分の将来の夢についても、非常にはっきりとした目標を持っていることも書いていた。まだ十七歳の少年にしては、普段あまり耳にしないような特殊な技能者として身を立てるというはっきりした夢を語ってくれた。

審判では、あくまでも殺意のなかったことに重点を置き、少年には言いたいことを十分に語らせることができたと思う。

結論は、予想どおりの少年院送致であるが、重要なのは家裁が認定した事実である。業界用語でいう「認定落ち」となった。つまり、「殺人」ではなく「傷害致死」であった。将来のある少年が、殺人罪の汚名を背負って、これからの人生を生きていかねばならないこととは、実に雲泥の差がある。少年は大いに喜んだ。母親は、結果に感涙した。

審判官にすれば、迷いに迷った末の結論だったにちがいないと思う。それだけに少年事件ならではのことのように思える点もある。予期せぬ犯罪の交差点で、交わってしまった加害者と被害者。この少年なら事件のことを忘れることなく、今後の人生に事件の教訓をしっかりと学び生かしていくであろうと洞察したのだと思う。

少年は、少年院で猛勉強をし、院内の成績も抜群であった。ちょうど一年後に出院してきた。その日に一年ぶりに自宅に招待され、一緒に出院を祝った。私にとっても、忘れられない事件である。

修復司法について

この事件を通じて、私は修復司法というテーマに関心を持つようになった。事件は、実に悲惨な内容であったにもかかわらず、加害者側に弁護士代理人が付いて両者の間に立って交渉したことにより、短期間のうちに被害弁償の話をまとめることができた。当時、被害者参加制度はなかったので、被害者遺族には「事実関係が認定落ちした」ことは最後まで知らされなかった。

しかしながら、遺族にしてみれば、失われた跡取り息子のことをいつまでも悔やんでいるだけでは前に進めないであろうし、憎しみ続けることもつらい。その点を見据えて、心に区切りをつけたくて、つまり、応分の被害弁償額の提示を受け入れることで、ひとつの区切りをつけたかったのだと思う。

他方で、加害少年は、人生の希望や目標を失うことなく少年院に入ることができた。この事件で、加害者側と被害者遺族側が、直接相まみえることはなかったが、たとえ悲惨な事件であっても、誰かが間を取り持つことにより、被害者も加害者も将来に希望が持てることがあるのではないかと思う。

そうした重要な役割を、法的に担えるのは裁判所しかない。なぜならば、裁判所は公平かつ公正だからである。しかし、そうした法整備は、わが国ではほとんど進んでいないのが現実である。わが国で、修復司法に取り組んでいるのは、千葉県にある「NPO法人対話の会」ぐらいである。

その後、私は再びとんでもなく悲惨な事件を経験することになる。

とある進学校で有名な高校の、東大合格を保証されていたほどの優等生が、塾帰り、中学生の不良連中にからまれた。大学受験も間近に控えている大事な時期だった。「金貸してや」と三人に取り囲まれたが、「持ってない」と答えてしまった。実は、前夜母親から参考書を買うためのお金として一万円をもらっていたが、そいつらに渡すわけにはいかなかったからである。

そのうちの一人が、突然被害者のズボンのポケットに手を突っ込み、取り出した財布の中に入っていた一万円を見つけ出して、「お前、金持ってるやないか」「なんで嘘ついたんや」などと、口々になじりだした。同時に二人がかりで左右から、被害者の顔面を十数回、交互に殴った。

高校生は、帰宅した直後に容体が急変し、救急車で運ばれたが治療の甲斐もなく、暴行されて約四時間後という短時間に「急性硬膜下血腫」で息を引き取ったのである。

私は、ご遺族や親族一同の皆さんに、加害者に代わって謝罪するが、「息子を返せ」「許さん」という厳しい糾弾が続いた。家族親戚一同の希望の星だった。

私は、その場にいたもののまったく手を出していない「三人目の共犯者」の少年の弁護依頼を受けた。しかし、次第に私と依頼者である両親との間で、事件についての見方や考え方、あるいは被害弁償のあり方などについての溝が深まってしまった。同時に三人の加害少年の間でも、傷害致死への関与の程度をめぐって意見の相違が大きく浮き彫りになる中で、弁償問題がデッドロックに乗り上げてしまった。

結局、私は三つ巴の関係を整理できないまま、代理人・付添人を解任されてしまった。

先に紹介した事件同様に、その当時は、被害者参加などの救済の制度は何もなかった。公平な立場の裁判所が、被害者側と加害者側との交流のかけはしとなる法的仕組みを整備してほしいと、切に思うようになった。なぜならば、加害者側の代理人は、あくまで加害者を弁護せねばならないという制約があるので、被害者遺族側に信用してもらえるようなことは、まず期待できないからである。

ようやく、近年、被害者参加制度などが整いつつあるとはいえ、被害者遺族は言うに及ばず、加害者の更生もおぼつかない現状だと思えて、修復司法は未だに著にも着かないありさまである。

ちなみに、ある見方をすれば、私は、修復司法制度は死刑廃止論と通ずるものがあると思う。加害者が死刑になったことで得られる被害者遺族の心の安定と、その遺族が生きて加害者の更生に関与することで得られるであろう心の安定の、どちらを重視するかという非常に難しいテーマに突き当たってしまう。

しかし、少なくとも犯人を死刑にしてしまっては、後のテーマは切り捨てられてしまう。

世界中で、死刑制度を実施している国はほとんどなくなった。にもかかわらず、未だに死刑制度を維持し続ける日本は、刑事法制の後進国というほかない。

◆第14話◆

十八歳の夏を忘れない

二つの冤罪事件

かつて、マスコミを賑わせた「泉南暴走事件」というのがあった。一部には「泉南暴走族事件」と、族の字を加えた言い方もしたが、我々はあえて「族の字」を外した。当然、それにはわけがあった。

この事件で検挙された五十名前後の少年たちは、そのほとんどが現役の高校一、二年生が主流であり、彼らは、特別な名前を冠して強いつながりで結ばれているような、典型的な暴走族集団とはおよそ縁遠かった。

その違いは、少年たちの間でははっきりとしていた。高校生らは、一時期、まるで「暴走族的な行動」をするが、それは先輩たちから、「お前らも、自分らの後を継いで、やらんかい」と言われて、図に乗って伝統を守るかのような風潮があったからである。

しかし、高校三年生ともなると、就職や進学の時期が迫ってくるので、皆「族の真似事」から引退するのがしきたりだった。逆に、いつまでも「族のまね事」をしていると、下級生に馬鹿にされることもあるくらいである。それほどに、「ゆるい集団」であった。

ところが、暴走族の取り締りを行う側の警察は、そうは行かなかった。暴走族を一斉検挙することにより、泉南地域から暴走族を一網打尽にする大きな目標が設定されたのである。見方によれば、それだけ泉南方面の暴走族は、硬軟取り混ぜたいくつもの集団があって、当時は相当に世間を騒がせていたということである。

そして、そのための綿密な策が練られた。取り締る側は本気であった。その証拠に、大阪府下では田舎の部類にはいる小さな警察署の泉南警察署に、捜査本部が設置されたのである。その指揮を執ったのは他でもない大阪府警本部であった。敏腕刑事数名が派遣されてきた。

府警本部の陣頭指揮の下、「事件化」のため周到に網の目が張られた。

深夜の国道での暴走行為は、午前一時頃と午前四時頃の二回にわたり行われていた。とある交差点から次の交差点までの約一キロメートルの区間で、暴走行為に参加した連中の証拠写真が大量に撮影された。

暴走集団には、好きなようにやらせておいて、帰宅を急ぐ車両や深夜タクシーの運転手、その乗客、そして土曜日の深夜これから和歌山方面への釣りに出かける車両などから、「暴走族に通行の邪魔をされて大いに困った」という内容の調書が多数取られた。

ところで、暴走行為といっても、国道を高速で疾走するのではない。まったく逆である。たとえば、制限速度六十キロメートルのところを、時速二十キロメートルとかの超低速で走行するのである。しかも、バイク集団は道路一杯に広がって走行するために、後続の一般車両は、「暴走」バイク集団を追い越そうにも、行く手を阻まれて、彼らの前に行けない。これが彼らの目的なのである。パトカーですら、マイクで警告くらいはするが、バイク集団にむやみと突っ込んだりしない。

捜査本部が設置され、大規模な取締体制が整えられていることも知らず、調子に乗ったバイク集団の高校生は、二回目の暴走行為の後で「暴走記念写真」まで撮っていた。その写真が、どこからか警察の手に入ったのである。

暴走最中の写真ではフルフェースのヘルメットを被っていると、顔が撮影できない上に、高校の制服を着用しているような間抜けもいない。しかも、バイクの後部のナンバープレートは隠されていたり、折り曲げられたりして、バイクの特定も難しい。ところが、暴走記念写真では全員がヘルメットを脱いだ裸顔である。これが格好の捜査資料となったのは当然である。

こうして、多くの高校生たちが大量に検挙されたのである。五十人を越える検挙者のうち、私が知る限り十数名の少年たちが「嫌疑なし」の不処分、つまり実質的な無罪となった。彼らの「嫌疑不十分」は、「疑わしいが処分まではしない」ということではないのである。逮捕して取り調べてはみたものの、「あたかも暴走に参加したかのように、この写真にだけ写っていた」といった少年が多数いたのである。

こうした捜査本部の強引なやり方は、後に近畿弁護士連合会から批判を浴びることになるが、そうした批判となった原因には、もう一つ行き過ぎた捜査のやり方があった。

それが、これから紹介する二つの冤罪事件である。

《その一》十九歳T君の事件

捜査本部の「事件の見立て」を示す事件が、思わぬ形で発生した。いわゆる「見込み捜査」である。

バイク集団の最後尾を追尾していた四輪車（これは普通乗用車であり、改造車ではなかった）は、「ケツモチ」車両ではなかった。ケツモチとは、警察車両や一般車両がバイク集団を追い立てるのを防ぐため、最後尾のバイク集団の直近を走って警察車両などがバイク集団に割り込むことを妨害する役目を持っている。従って、そのケツモチの役割を持つ四輪車は、当然暴走行為の共犯者（車）であり、むしろ首謀者と目されることにもなる。

この事件のバイク集団の最後尾を追尾していた四輪車には四人が乗っていたが、うしろから、バイク集団の暴走の様子を見ていただけというのが、全員の言い分であった。

しかし、府警本部が、「そんな適当な言い分」を認めるはずもなく、四人の中でおそらく一番気の弱そうな十九歳の少年T君に目を付けたのであろう、警察はT君の逮捕に踏み切った。

「お前らが、首謀者やろ」

「いえ、違います。見に行っただけです」

T君は、この春すでに高校を卒業して働いていた。

仮にこの四輪車に同乗していたT君の弁解が事実だったとしたら、これから始まる十年以上になる国家賠償請求訴訟の長期間の戦いは、当時まったく誰も予想もしなかったことである。まさか、こんな事件が起こるとは寝耳に水の出来事だったからである。逆に、もしこの四輪車も共犯だったという証明が立てば、特に何の前歴もないT君のことだから、保護観察程度の処分で済んだに違いなく、逮捕・拘留（これに代わる観護措置として少年鑑別所）・家庭裁判所送致、そして審判となれば、逮捕の日からせいぜい五十日くらいで解放されていたであろう。

いずれこの四輪車の同乗車四人全員に、逮捕状が出るであろうことは本人やその家族も予想していた。私は四人のうち、T君以外の少年からも事情は事前に聞いていた。彼らは、すでに逮捕されることを覚悟していた。その覚悟を感じさせたのは四人が当日の口裏合わせをしたこともなければ、そのようなことをする必要もなかった。つまり、全員が、「ケツモチをしたことはない」「見に行っただけだ」と、正々堂々と主張することにしていたから、いつ逮捕されるようなことになっても、びくつく必要もなかったのである。

そして、予想していたとおり、T君が逮捕された。我々弁護人も複数の体制を整えて、依頼された少年の中から逮捕者が出たら、手の空いている弁護士が直ちに接見に行くことを確認していた。

こうした体制の中で、新人弁護士のY君が、逮捕の翌日の午前中、泉南警察署に接見に行くことになった。昼前、そのY君から事務所に電話がかかってきた。

「大変です。T君に接見したのですが、どうも様子が変でボーッとしているんです。取調べ中に刑事から殴られた様子です。頭の額にタンコブがあるんです」

逮捕の当日に、不測の事態が発生した。取調べ担当の刑事から取調べ室で数回殴打されるという暴行傷害事件が発生したのである。

Y弁護士からの第一報を聞いた私は、Y弁護士がカメラなど持参しているわけもないことは分かっていたので、すぐに事務所に戻って、接見での聞き取り報告書を書くように頼んだ。

額のタンコブということであれば、どうかすれば、ものの二〜三日で消失してしまうかもしれない。なにはともあれ、即日のうちに証拠保全手続をとるほかに、T君の額の傷を証拠として保全する方法はない。

医療過誤事件を除くと滅多に申し立てることのない証拠保全である。念のために民事事件と刑事事件の二本立ての申立書を用意し、事件発生地域を管轄する大阪地裁支部にその日のうちに申し立てを行ったものの、夕方五時の裁判官の退庁時間が迫っていたことから、判断は翌日になってしまった。

裁判所は、民事の申立を採用した。「国家賠償請求訴訟」である。申立書を読んだ裁判所の判断は機敏だった。その日のうちに、保全手続を行う体制を組むには、小さな支部裁判所では難しいとの判断から、体制の整う本庁へ事件を移送した。つまりそれは、本体である国家賠償請求の裁判は、裁判官三人の合議体で審理することになることも見越した対応であった。

証拠保全の手続に医者に同行してもらえないか要請してみたが、都合のつく外科医は結局見つからなかった。そこでやむを得ず裁判所と代理人だけで泉南警察署におもむき、少年の訴えを聞き取り、少年の顔写真や取調べ室の写真撮影をした。

我々はこれで国家賠償の裁判に勝てるだけの最小限の準備はできたと、うっかり思い込む気のゆるみがあった。そこが、経験の乏しさとも言うべきところであろうと後に反省させられることになる。

ベテラン刑事は、T君の口から、「自分から取調室の壁に頭をぶつけました」という信じ難い調書を取っていたのだ。そしてその重要な調書は、しばらくの間隠されていた。

今思えば、弁護士は手分けをして、毎日交代で接見すべきだった。そこに手抜かりが露呈したというほかない。

国家賠償の裁判は、七年にも及ぶ審理を経て、原告T君勝訴の判決を勝ち取った。

被告大阪府は、直ちに控訴、さらに三年以上の歳月をかけた高裁での審理を経た結果は、我が耳を疑う逆転敗訴であった。高裁は、T君が指印を押して「まちがいないです」とする先の本人調書を重視したのだ。今でいう「取調べの可視化」が必要不可欠なケースであった。

他方、首謀者と目された四輪車の残る三人は、逮捕されたものの否認を貫き通して釈放となった。

《その二》十八歳H少年の事件

彼らより一学年下の三年生のバイク集団の中に、H少年がいた。H少年は、暴走行為に参加しようと準備して集合場所に向かったが、結局遅れてしまって実際には暴走に参加できなかった。にもかかわらず、例の集合写真に写っていたことから、当然暴走行為に参加したものと判断した捜査本部は、H少年を逮捕した。そして家裁に送致し、H少年は少年鑑別所送りとなった。

H少年は、約五十日間に及ぶ少年鑑別所での身柄拘束の苦痛を、数十枚の便箋に書き留めた。夏の暑い盛りのこと、冷房もない少年鑑別所で過ごさざるをえなかった苦しい胸の内は、経験した者でしか分からない。

暴走行為に参加していたのであればあきらめもつくが、参加しようとしていたが合流できなかったのだから、暴走行為を認めることはできない。それでも少年審判の日が来るまで身柄が解放されない、つらく、苦しい気持ちが綿々と綴られていた。しかも、監護措置の取消の上申は認めてもらえなかった。

審判は、不処分だった。ただし、暴走行為に参加しようとして準備していたことは事実だから、裁判所としては注意処分ということは避けられない。しかし、暴走準備罪とか予備罪という罪はないのだから、やはり実質無罪である。家庭裁判所での「保護処分」という制度のもとだから訓告とか注意とかがあり得るに過ぎない。

それ自体は、本人も家族も納得して受け入れているものの、なぜ、逮捕拘留までされなければならなかったのか、ましてや取調べや家裁の調査も在宅で十分可能なはずであった。その点がどうしても納得が行かない。

警察庁が指針とする「少年警察活動要綱」「犯罪捜査規範」ですら、犯罪少年に対する強制措置はできるだけ避けるものとするとされている。その意味で、このH少年に対する逮捕拘留と観護措置は、法的に見ると行き過ぎである。

ところで、H少年のお母さんは、趣味で歌のサークルを結成しており、ギターを弾いて仲間と楽しんでいた。もう一人のギタリストと、キーボードが一人、そしてヴォーカルの四人のユニット。ギタリストが中心になって、一つの歌ができた。

その曲名が「十八の夏を忘れない」。H君の綴った日誌をサークル仲間が読み、皆がH君の苦痛に思いを馳せながら作詞作曲した。真に迫る曲となった。

当時、国会では「国家秘密法」が提案されており、日本中で反対の声が上がっていた。「国家秘密法成立阻止」のための市民集会が、各地で開催されていた。各地の弁護士会でも、反対集会が開催されていた。そうした中の、いくつかの集会に招かれ、このH君事件で奮闘した新人のY弁護士が歌の紹介を行い、そして歌姫たちがこの歌を歌った。

歌の締めくくりに、H君のお母さんは、「この法律ができてしまうと、私の息子のような冤罪がますます増えることを心配します」と訴えて、会場から大きな拍手をもらった。中には、話を聞いてすすり泣きする人もいたほどである。こうして、この歌は、当時の国家秘密法の成立阻止に一役買うことができたと思う。

実に奇遇な、時世の巡り合わせであった。

◆第15話◆
再犯少年に一粒の種が根付くことを願って

出院したばかりなのに

その少年は、少年院から仮退院したばかりだった。そして、すぐに仮退院の遵守《じゅんしゅ》事項違反をやってしまった。出院三日目、自宅から遠くないとある繁華街の人混みの中で、ボーッとしていた。娑婆に出てきた解放感が手伝っていた。すると以前に交流のあった友人のことを思い出した。彼に無性に会いたくなり、知らぬ間に足がそっちに向いてしまっていた。

わずか三日で家に帰らず、その友人の家で過ごしているうち、あっという間に十日が経ち二週間が経っていた。そして、これが事実上の家出とみなされて、再び「虞犯」として観護措置がとられ、またしても少年鑑別所に収容された。

十八歳のその少年は、比較的端正な面持ちで、物静かで、しかも礼儀正しく、レポート用紙に書かれた文字もていねいで、非常に読みやすかった。しかし、到底聞き捨てならない言葉が綴られており、我が目を疑った。それは、「母親を殺す」であった。私は、慎重に言葉を選びながら少年にその理由を聞くと、いたってすんなり答えてくれた。

「子どもの頃、母親に虐待を受けた。それが原因で、僕は施設預かりにされた。そして非行に走り、少年院に入れられた。自分がこうした道を歩むに至った一番の原因は、母親から受けた虐待にある。だから、今は母親に対する復讐のために生きているんだ」というのである。

父親から、家族の実情を書いた手紙をもらった。少年の下に、まだ小さい子どもを含めて五人の子どもを育てている。家計は楽でない上に、母親は、精神疾患を抱えている。そんな状況なので、とても少年の面倒までは見ることはできないと訴える。父親は、始めは審判にも行けないと伝えてきていたが、調査官などとも話を重ねた結果、審判にだけは出ると言ってくれた。しかし、想像しただけでも気が重い。もちろん、母親は来られるような状況にない。

審判では、父親も少年を引き取れないと言い切った。少年と父親は、審判廷の同じ長椅子で隣合わせに座っていた。「何もなければ良いが」と、私はあらぬ心配をしたが、杞憂であった。少年は冷静だった。

家族は少年を受け入れない

少年が、幼少時に実母から虐待を受けていたことは、裁判所の社会記録に書かれていた。こうしたことが原因となり、母子関係が相当にこじれていることにも触れられていた。母親の状況は、働きかけのしようもないし、だいいちどのような働きかけができるかすら分からない。

父親も「少年を引き取るなどということは、絶対無理だ」と言う。少年が少年鑑別所の中で書いた家族に宛てた手紙を、父親から見せてもらった。やはり、同様の文字が書かれていた。

この少年に対して、私はほとんどなす術がなかった。審判結果は再び少年院送致である。当然不服に違いないと思い、抗告するかどうかの意思確認のため、収容先の少年院を訪問した。少年は、相変わらず礼儀正しかった。

しかし、この少年の礼儀正しさは、長い間収容されていた施設や少年院における「しつけ」、つまりは矯正教育の成果なのかもしれないと思うと、いささか複雑な気持ちになった。手紙に書いたり実際に口にする言葉と、目の前にいる礼儀正しい少年の姿や様子とのギャップの大きさから、「面従腹背」の四文字が私の脳裏をかすめた。いずれにしてもこの少年の本心や真意はどうしても図りかねた。

少年に宛てた私の手紙

少年院を訪問する前に、私は少年に宛てて手紙を出しておいた。接見時点でその手紙を読み終えているようにと、訪問には少し間を置いた。少年はその手紙を読んだと言った。そして、少し考え込んでいるように見えた。

私は手紙の中で、私が中学三年生の時に母親が癌で死んだことや、その前に母親が家出を決行したこと、そして盲目の父との二人だけの寂しい日々を過ごしたこと、その後、よその商家に預けられて世話になったことなどの、私の十代の頃の苦い経験を紹介した。こうした経験を経た後、大学に進み、そして弁護士になったこと。だから私は自分の過去の経験から、少年事件をライフワークにしているとも書き添えた。

そして、人は誰でも過去の労苦を背負いつつ、苦難に耐えて前向きに生きているのだから、君も、過ぎ去った過去ばかりにこだわらずに、少しでも前向きな気持ちを取り戻してほしい。君の文章力、表現力を見たとき、私は、君のような苦労をしてきた人間にこそ、弁護士になって子どもたちの力になってほしいと思う。両親も知らないとか、住む家もないとか、学校に行くどころでない少年だとか、今の世の中には恵まれない子どもがたくさんいることを、私の仕事の実体験から紹介したりもした。

そのためには、まず大学に行くための勉強をせねばならない。いつまでも少年院にいるわけではないので、今から、この少年院でしっかり勉強をしてほしい。そして近い将来には司法試験にチャレンジして、弁護士になってはどうか、と提案した。

事件で少年院に収容されている少年に対し、「弁護士になってはどうか」などと本気で勧めたのは、これが最初であった。彼にとっても生まれて初めてのことであろう。

彼は私の言葉を受けて、チャレンジしてくれそうな気がした。私がこの少年に唯一伝えることのできた言葉だったかもしれない。わずかに少年と心が通じ合えたような気がしないでもなかった。

ひたすら、少年には前向きに生きて行ってほしいと願うばかりである。私が訪問した時には、少年はすでに抗告しないと決めていたが、それは私の手紙を読んだからかどうかまでは、あえて聞かなかった。

何もしてあげられなかった私であるが、彼の心の中に一粒の種が根付くことを期待した。そして、少年院を後にした。

【付記】

岸和田に保護司の青木信夫さんがいた

私の事務所がある岸和田市には、全国的にその名の知れたダンジリ祭がある。テレビ放映されるダンジリ祭は、通称「浜の祭」といわれ、毎年九月半ばに行われる。南海電車の岸和田駅周辺から、西側の岸和田港（浜）にかけて、約三十台近いダンジリ神輿が、まる二日間突っ走ったり、逆に夜は子どもたちでも神輿の綱を引けるように、数十個の提灯を掲げて町内を静かに練り歩く。称して「夜の曳行《えいこう》」という。

京都の祇園祭のような優雅さとはま逆に、スピードを落とすことなく道路を九〇度直角に突っ走る作法を「ヤリ回し」といい、観衆から拍手喝采を浴びることで、引手はますます奮い立ち、気持ちが乗りうつる。私の住む地域の「山の祭」は、一か月後の十月である。五十八台くらいが繰り出す。浜の祭と山の祭、合わせると岸和田市内におよそ八十八台くらいのダンジリ神輿が各町ごとにある。

ダンジリ祭の話をしたのは、ほかでもなく、年に一度の祭の前後で非行が起こりがちだからである。ダンジリ祭に参加しない中学生らが、浮かれて羽目を外すのである。酒にタバコに暴走行為にと。

岸和田でも、もっとも下町といわれる地区に住んでおられた保護司に「青木信夫」さんがいた。満州に渡り、少年兵として配属されていた部隊が旧ソ連軍の奇襲攻撃に遭い、もっとも親しくしていた友人が目の前で銃弾に倒れた。ともに十六歳の時だったという。その時の友人が発した最後の言葉、「おかあちゃん……」が、ずっと耳に残っていて離れないと青木さんは言う。

終戦後は、不戦の誓いをするのと同時に、幼くして銃弾に倒れたその友のことを思いつつ、岸和田地域の非行少年の更生に一生をささげる道を歩んで来られた方である。その優しく、情愛に満ちあふれた語りかけに、非行少年少女も「青木のおっちゃんの言うことなら聞く」と言うのである。若い新人弁護士たちが、研修会で青木さんの語りに接して感激した。

「おっちゃん、助けて！」の少女の悲痛な叫びに、昼夜をいとわずミナミ（大阪の盛り場）のヤクザの組事務所に乗り込んで少女を救出したことも数知れないらしい。

青木さんは、時々テレビにも出演しておられ、子どもの非行問題にどのように取り組むのか、ご自身の実績に基づく具体例を分かりやすく紹介しながら、話をされていた。

その当時、青木さんは、「少年補導協助員」をされていた。これはどこにでもある制度ではなく、大阪府独自のものと聞いており、「中学生を中心とした保護司」という役割を担うボランティア活動である。後に、青木さんは正式に岸和田地域の保護司に就任されたが、岸和田だけで約九十名近い保護司がおられ、府下でも大変活発に活動を推進している保護司会である。ダンジリの町ならではと思う。

その青木さんから、時々少年事件の紹介が舞い込むことがあった。「野仲君、この子、面倒みてくれるか」と。逆に、私からも時々「青木さん、この子お願いします」と頼む関係でもあったが、平成十三年その生涯を閉じられた。

非行少年の更生一筋に生涯を送られた青木信夫さんの功績は、讃えて余りあると思う。

あとがき

今回、はじめて少年事件に関する本の出版にこぎつけることができました。全部で十五話になりました。その中には、すでに業界誌などでそのダイジェスト版が掲載済みのものもあります。

時系列的には、相当昔に取り組んだ事件もあれば、比較的最近の事件もあります。これまで、特に印象深い事件については、付添人としての取り組みが終わるとすぐに、要点を文章にして保存しておきました。「ひょっとしたら、いつか少年事件についてまとめる時が来るかもしれない」という期待を抱いてきたことは確かです。こうした記録が次第に増えてきたなか、いよいよ本にできないかと思うようになり、とある先輩の弁護士から紹介をいただいた出版社とつながり、ようやく願いがかなった次第です。

以前、ある業界誌に「私の育て反省記」という一文を掲載させていただきました。実は、私は長男長女が通っていた高校を正直言って知りませんでした。今でも、娘の高校について、はっきりとは知らないのです。小学校や中学校の時の通知表も、ほとんど見たことがありませんでした。

娘が小学五年生の時に岸和田に転校したのですが、おとなしい性格の彼女のこと、約一年近くイジメにあっていました。学校に行きたくないときは、前日の夜、母親に「お母さん、お腹が痛い」というシグナルを出していました。その翌朝は、娘を無理に起こして「学校に行きなさい」とは言わないことを、夫婦で話し合って決めておりました。

五年生が終わったとき、はじめて通知表を見ました。この一年間に、いったい何日学校を休んでいたのだろうか、進級はできるのだろうかといった不安からでした。ところが、わずか十日程度だったことに少々驚きました。そして、娘に対するイジメを詳しくつかんだ私は、学校と何度か協議をする機会を持っていただきました。イジメ自体は、なぜか自然消滅して、いつの間にか解決しておりましたが、後になって娘から、「パパ、あの時学校に来てほしくなかった」と言われた時には、愕然としました。

「子の心、親知らず」だったのでした。親子関係の機微、難しさを知らされた思いでした。

さて、息子はトランペットを趣味にし、娘はイラストレーターを仕事にしています。

私は二人の子どもらを見守ってはきましたが、「世間に迷惑さえかけなければ、それぞれ自分の好きなことをし、好きな道に進みなさい」と助言しただけでした。その娘の描いたイラストは「野仲千尋」でネット検索していただくと見ることができます。本書のカバー・本文中のイラスト挿画にも協力してもらいました。

本書の刊行まで、実際に構想を練り始めて一年以上がたちました。最後になりましたが、この間、励まし続けてくださいました新科学出版社に感謝いたします。

平成二十八（二〇一六）年十月

著者

参考文献

1　関根正明著『子ども受容のすすめ』（学陽書房）
2　加藤諦三著『人生の悲劇は「よい子」に始まる』（フォー・ユー社）
3　富田富士也著『「よい子」の悲劇』（河出書房新社）
4　金森浦子著『子どもを追いつめるお母さんの口癖』（青樹社）
5　金森浦子著『続・子どもを追いつめるお母さんの口癖』（青樹社）
6　伊藤友宣著『家庭という歪んだ宇宙』（筑摩書房）
7　平井信義著『親がすべきこと・してはいけないこと』（ＰＨＰ文庫）
8　富田富士也著『いい家族を願うほど子どもがダメになる理由』（ハート出版）
9　斎藤茂太著『立派な親ほど子どもをダメにする』（ＰＨＰ文庫）
10　伊藤友宣著『親（母親，そして父親にとわれるもの）』（朱鷺書房）
11　中谷彰宏著『親を教育する62の方法』（ＴＢＳブリタニカ）
12　尾木直樹著『子どもの危機をどう見るか』（岩波新書）
13　春日武彦著『17歳という病』（文春新書）
14　団士郎著『不登校の解法—家族のシステムとは何か』（文春新書）
15　小林公夫著『「勉強しろ」と言わずに子供を勉強させる法』（ＰＨＰ新書）
16　多湖輝著『がまんできる子はこう育てる』（新講社）
17　久世敏雄・久世妙子・長田雅喜著『自立心を育てる』（有斐閣新書）

18　石井小夜子著『少年犯罪と向きあう』（岩波新書）
19　野代仁子著『非行を叱る「カウンセラーのノートから」』（文春新書）
20　青木和雄著『ＨＥＬＰ！　キレる子どもたちの叫び』金の星社）
21　青木信夫著『生かされて　満州・シベリア　今、少年とともに』（京都・法政出版）
22　井垣康弘著『少年裁判官ノオト』（日本評論社）
23　毛利甚八著『少年院のかたち』（現代人文社）
24　廣井亮一編集『現代のエスプリ４９１号　加害者臨床』（至文堂）

野仲厚治（のなかこうじ）

弁護士。昭和 22 年 11 月、大分県豊後大野市生れ。県立竹田高校普通科卒業後、昭和 41 年 4 月大阪市立大学法学部法律学科入学。主として、刑法・刑事訴訟法・刑事政策・労働法などを専攻した。卒業後、一時期弁護士事務所に勤務の後、昭和 54 年の司法試験に合格。昭和 57 年、大阪弁護士会登録。サラ金被害者救済活動や刑事事件、特に少年事件に取り組んで来た。平成 15 年 10 月から、現在の事務所で社会保険労務士の資格を持つ妻と「協同事務所」を経営している。

イラスト　野仲千尋　昭和 58 年生まれ。和歌山県在住。

少年事件、付添人奮戦記

しょうねんじけん、つきそいにんふんせんき

2016 年 11 月 20 日初版 ©

著　者　**野仲厚治**

発行者　**武田みる**

発行所　**新科学出版社**

〒 169-0073　東京都新宿区百人町 1-17-14-2F

TEL：03-5337-7911　FAX：03-5337-7912

E メール：sinkagaku@vega.ocn.ne.jp

ホームページ：https://shinkagaku.com/

印刷・製本：株式会社シナノ パブリッシング プレス

ISBN 978-4-915143-52-6　C0037

Printed in Japan